GW01451781

Craic Le Litriú

Leabhar A

Alison Ní Mhathúna

Clár

			Téama
Aonad 1	Éadaí	1	Mé Féin
Aonad 2	An Corp	3	
Aonad 3	Mo Bhricfeasta	5	Sa Bhaile
Aonad 4	An Chistin	7	
Aonad 5	Gníomhartha: Sa Bhaile	9	
Aonad 6	Dul Siar	11	
Aonad 7	Ar Scoil	14	An Scoil
Aonad 8	Gníomhartha: Ar Scoil	16	
Aonad 9	Oíche Shamhna	18	Ócáid Speisialta
Aonad 10	Mo Dhinnéar	20	Bia
Aonad 11	Dul Siar	22	
Aonad 12	An Seomra Suí	25	Sa Bhaile
Aonad 13	An Siopa	27	
Aonad 14	An Chéad Nollaig	29	Ócáid Speisialta
Aonad 15	Dul Siar	31	
Aonad 16	Gníomhartha	34	Eolas Breise
Aonad 17	Uimhreacha 1–6	36	
Aonad 18	An Siopa Éadaí	38	Éadaí
Aonad 19	Uimhreacha 7–12	40	Eolas Breise
Aonad 20	Dul Siar	42	
Aonad 21	Ar an bhFeirm	45	Caitheamh Aimsire
Aonad 22	Mo Bhreithlá	47	Ócáid Speisialta
Aonad 23	Ar an Trá	49	
Aonad 24	An Sú	51	Caitheamh Aimsire
Aonad 25	Dul Siar	53	
Aonad 26	An Chlann	56	Mé Féin
Aonad 27	Mo Sheomra	58	Sa Bhaile
Aonad 28	Mo Mhála Scoile	60	An Scoil
Aonad 29	Faoin Tuath	62	Caitheamh Aimsire
Aonad 30	Dul Siar	64	
Aonad 31	Ainmhithe/Peataí	67	Sa Bhaile
Aonad 32	An Dochtúir	69	Mé Féin
Aonad 33	Bréagáin	71	Caitheamh Aimsire
Aonad 34	Dathanna	73	Eolas Breise
Aonad 35	Dul Siar	75	

Aonad 1 Éadaí

Liosta Focal

1. veist
2. léine
3. bríste
4. geansaí
5. sciorta
6. stocaí

1. Ceangail agus scríobh.

(a) geansaí

(b) stocaí

(c) veist

(d) léine

(e) sciorta

(f) bríste

veist

léine

stocaí

sciorta

bríste

geansaí

2. Bí ag scríobh.

(a)	veist	veist	veist	veist
(b)	sciorta	sciorta	*sciorta*	*sciorta*
(c)	bríste	bríste	*brísto*	*bríste*
(d)	léine	léine	*léine*	*léine*
(e)	stocaí	stocaí	*stocaí*	*stocaí*
(f)	geansaí	geansaí	*geansaí*	*geansaí*

1

3. Cuardach Focal

bríste
veist
sciorta √
stocaí √
léine √
geansaí

s	c	i	o	r	t	a	t
p	c	l	é	i	n	e	b
o	r	ó	b	s	n	m	r
r	a	s	t	o	c	a	í
g	é	i	r	ó	t	n	s
s	p	s	v	e	i	s	t
g	e	a	n	s	a	í	e

4. Bí ag scríobh.

(a) gean + saí   =   geansaí

(b) stoc + aí   =   STOcaí

(c) brís + te   =   bríste

(d) lé + ine   =   léine

(e) scior + ta   =   sciorta

(f) ve + ist   =   veist

5. Scríobh agus dathaigh.

veist

stocaí

scrta

brístí

cofe

léne

2

Aonad 2 An Corp

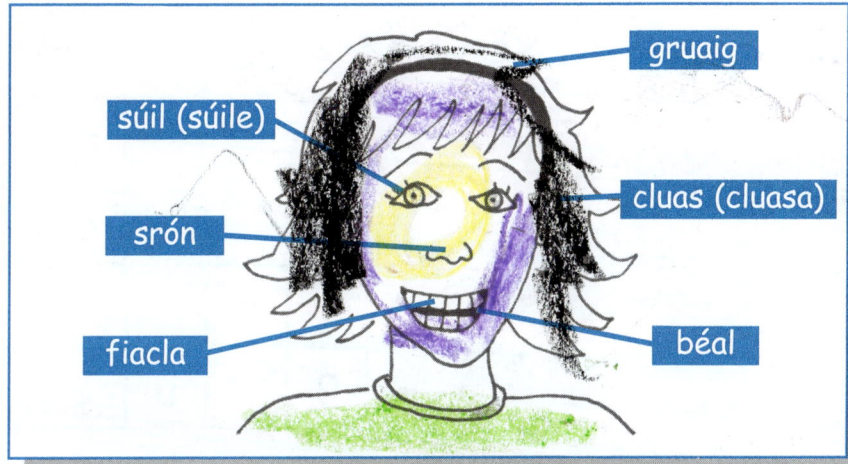

súil (súile)

srón

fiacla

gruaig

cluas (cluasa)

béal

1. Scríobh an focal ceart in aice leis an bpictiúr.

(a) = súile

(b) = Srón

(c) = fiada

(d) = gruag9

(e) = béal

(f) = cluasa

2. Ceart (✔) nó Mícheart (✗)?

(a) súile ✔

(b) fiacla ✗

(c) béal V

(d) srón V

(e) cluasa ✗

(f) gruaig V

3

3. Crosfhocal

~~gruaig~~

béal

~~fiacla~~

cluasa

súile

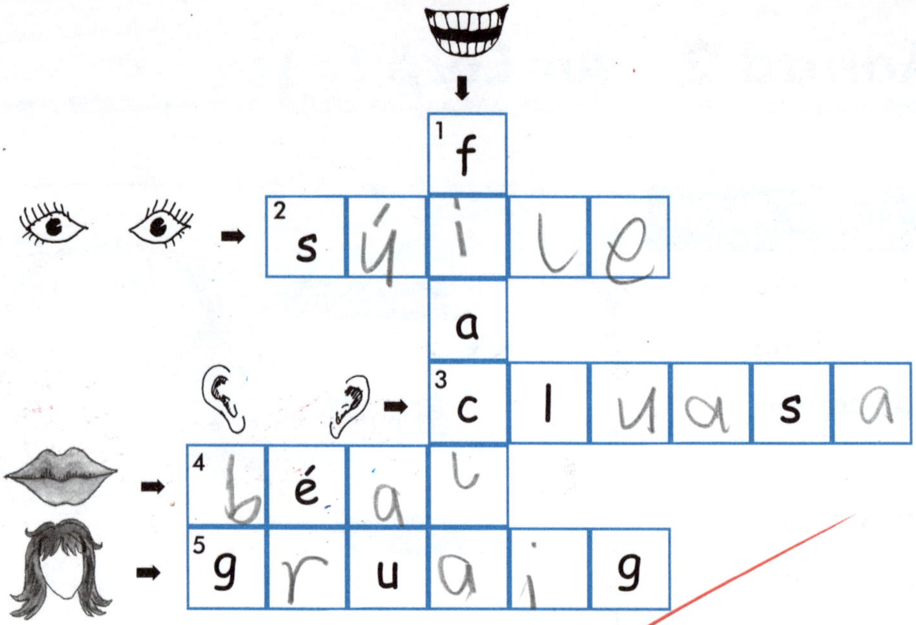

4. Bí ag scríobh.

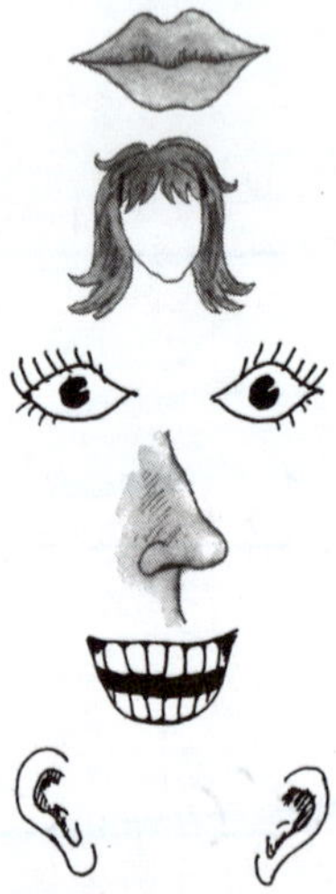

(a) Tá béal mór ag Stiofán.

(b) Tá gruaig álainn ag Mamaí.

(c) Tá súile gorma ag Liam.

(d) Tá tsrón mhór ag Daideo.

(e) Tá fiacla bréige ag Mamó.

(f) Tá cluasa deasa agam.

5. Dathaigh:

1. an béal (dearg)
2. an tsrón (gorm)
3. an ghruaig (buí)
4. na fiacla (bán)
5. na súile (glas)

An-mhaith

Aonad 3 Mo Bhricfeasta

Liosta Focal

1. ubh
2. subh
3. arán
4. bainne
5. ag ithe
6. ag ól

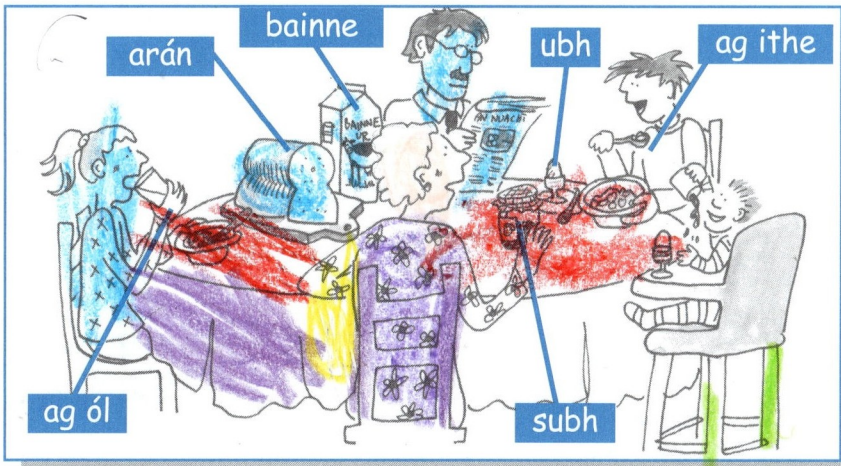

1. Scríobh an focal ceart in aice leis an bpictiúr.

(a) = ubh

(b) = subh

(c) = bainne

(d) = arán

(e) = ag ithe

(f) = ag ól

2. Ceart (✔) nó Mícheart (✗)?

(a) ubh — ✔

(b) subh — ✗

(c) arán — ✗

(d) bainne — ✔

(e) ag ithe — ✔

(f) ag ól — ✔

3. Crosfhocal

ubh

subh

arán

bainne

ag ithe

ag ól

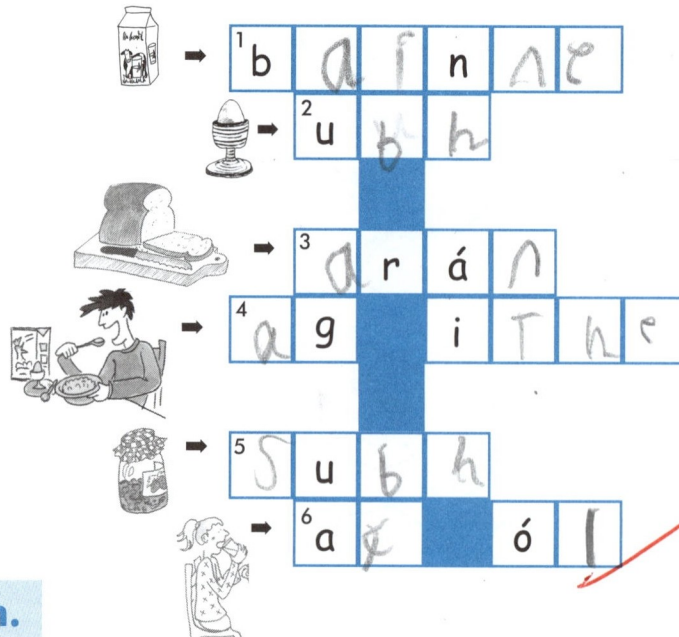

1. b a i n n e
2. u b h
3. a r á n
4. a g i t h e
5. s u b h
6. a g ó l

4. Bí ag scríobh.

(a) Tá Daidí ag ithe _____ arán _____ .

(b) Tá Mamaí ag ól _____ bainne _____ .

(c) Chuir Síle _____ subh _____ ar an tósta.

(d) Tá _____ ubh _____ san ubhchupán.

(e) Tá Ruairí _____ ag ithe _____ a bhricfeasta.

(f) Tá Síle _____ ag ól _____ sú oráiste.

5. Dathaigh:

1. an t-arán

2. an t-ubh

3. an tsubh

4. an bainne

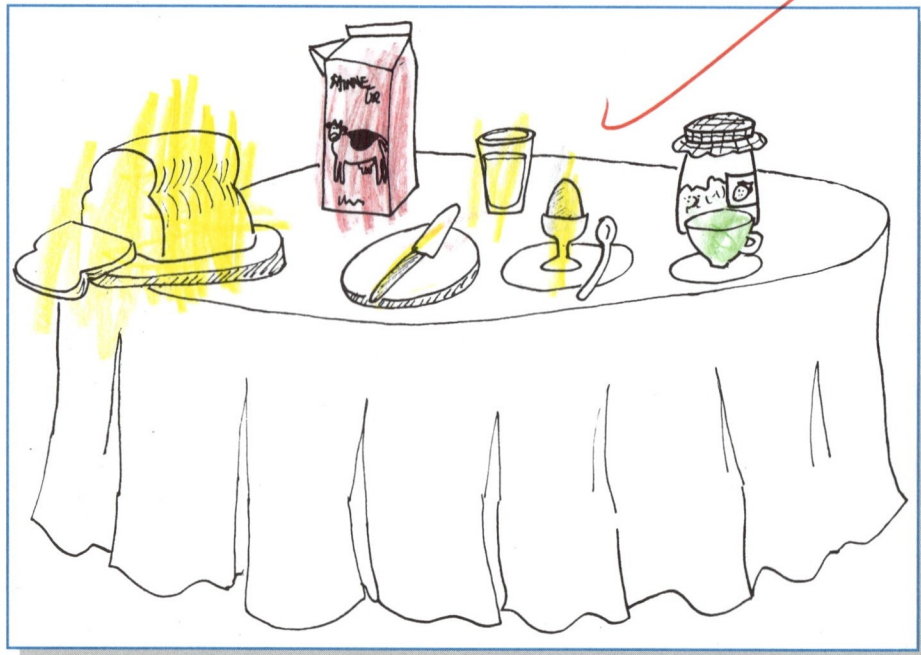

Aonad 4   An Chistin

Liosta Focal

1. scian
2. forc
3. spúnóg
4. pláta
5. babhla
6. cupán

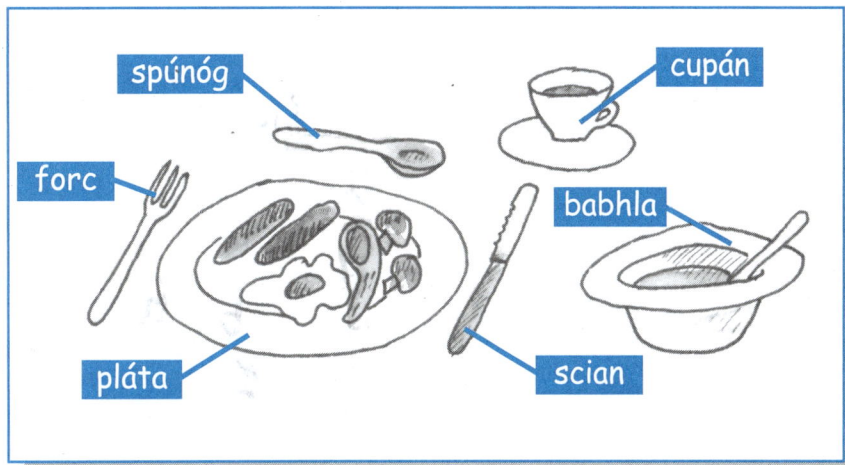

spúnóg
cupán
forc
babhla
pláta
scian

1. Scríobh agus dathaigh.

spúnóg
cupán
forc
Pláta
Scían
babhla

2. Scríobh síos an focal ceart.

(a) = _forc_

(b) = _Scían_

(c) = _spúnóg_

(d) = _pláta_

(e) = _cupán_

(f) = _babhla_

3. Ceangail agus scríobh.

(a) cupán

(b) spúnóg

(c) babhla

(d) pláta

(e) scian

(f) forc

_____

_____

spúnóf

pláta

cupás

babhla

4. Cuardach Focal

pláta
babhla
cupán
scian
forc
spúnóg

s	s	p	ú	n	ó	g	f
i	s	o	n	p	á	l	f
c	c	c	u	p	á	n	o
n	i	s	n	c	t	ú	r
b	a	b	h	l	a	ó	c
h	n	c	á	i	t	b	s
l	a	p	p	l	á	t	a

5. Aimsigh an freagra agus dathaigh.

Nodanna

Pictiúir

4 + 2 = dearg   5

6 + 3 = buí   12

1 + 4 = gorm   6

6 + 6 = glas   9

8

Aonad 5 Gníomhartha: Sa Bhaile

Liosta Focal

1. ag ithe
2. ag ól
3. ag gáire
4. ag ní
5. ag rith
6. ag siúl

ag ní

ag siúl

ag gáire

ag rith

ag ithe

ag ól

1. Ceangail agus scríobh.

(a) ag rith

(b) ag ithe

(c) ag ól

(d) ag ní

(e) ag gáire

(f) ag siúl

ag ní

ag siúl

ag gáire

ag ithe

ag ól

2. Tusa ag scríobh.

(a) ag ithe | ag ithe | ag ithe | ag ithe

(b) ag ól | ag ól | ag ól | ag ól

(c) ag gáire | ag gáire | ag gáire | ag gáire

(d) ag siúl | ag siúl | ag siúl | ag siúl

(e) ag rith | ag rith | ag rith | ag rith

(f) ag ní | ag ní | ag ní | ag ní

9

3. Crosfhocal

ag ithe

ag ól

ag gáire

ag ní

ag rith

ag siúl

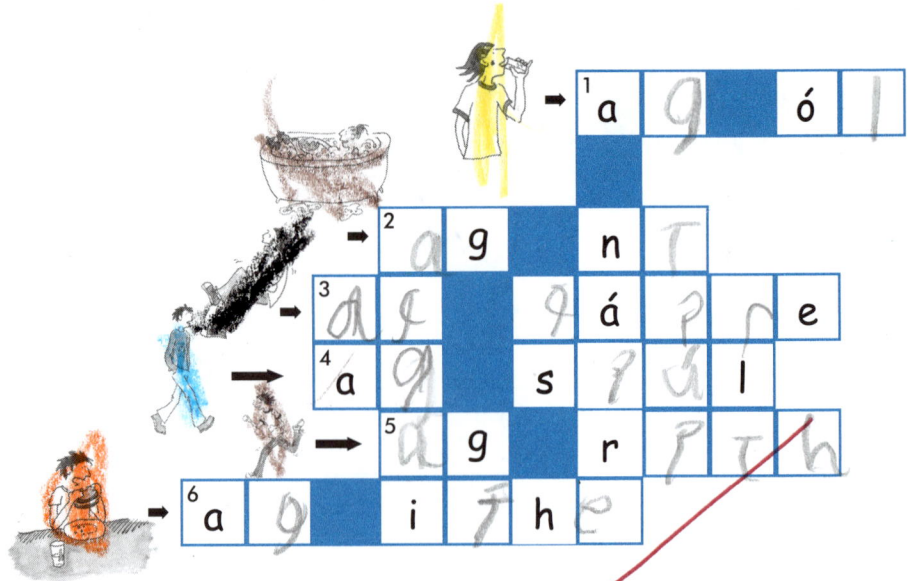

1. a g [ ] ó l
2. a g [ ] n T
3. a [ ] g á [ ] e
4. a g [ ] s [ ] l
5. a g [ ] r [ ] h
6. a g [ ] i T h e

4. Bí ag scríobh.

(a) Tá Máire  _____ ag rith _____ .

(b) Tá Ruairí _____ ag siúl _____ .

(c) Tá Síle _____ ag gáire _____ .

(d) Tá Seán _____ ag ithe _____ .

(e) Tá Niamh _____ ag ithe _____ .

(f) Tá Emma _____ ag ní _____ .

5. Scríobh agus dathaigh.

ag rith

ag siúl

ag ithe

ag ól

ag gáire

ag ní

10

Aonad 6 *Dul Siar*

1. Ceangail

(a) fiacla

(b) gruaig

(c) béal

(d) srón

(e) súile

(f) cluasa

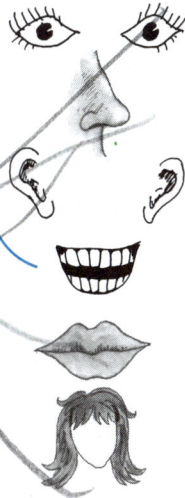

2. Crosfhocal

ag ní

ag ól

ag gáire

ag siúl

ag ithe

ag rith

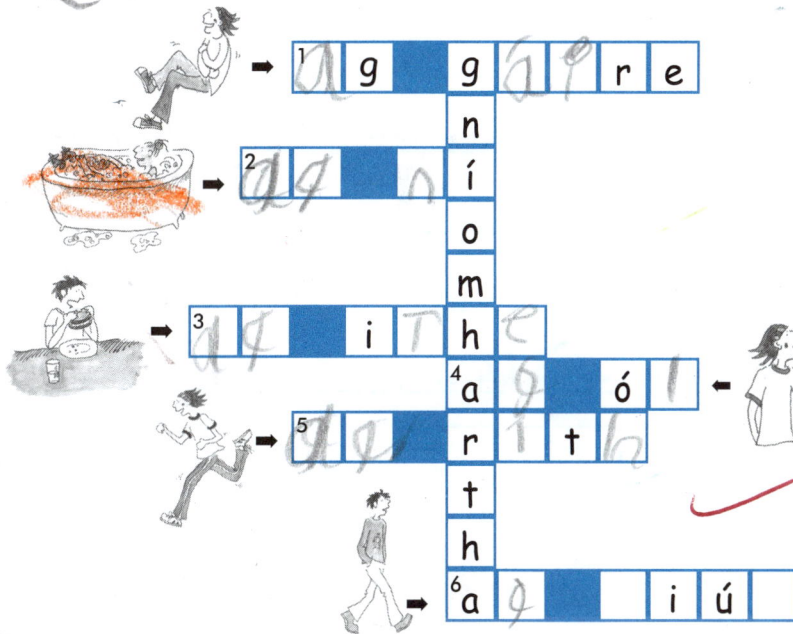

	1		g		g			r	e

1. g   g   r e
n
2.   í
o
m
3.   i h e
4. a   ó
5. r   t
t
h
6. a   i ú

3. Dathaigh:

1. an sciorta

2. an bríste

3. na stocaí

4. an geansaí

4. Cuardach Focal

scian
forc
spúnog
pláta
babhla
cupán

s	c	i	a	n	s	c	n
p	ú	n	o	g	h	a	b
ú	l	s	f	l	á	t	a
n	r	s	c	o	l	n	b
ó	p	á	n	l	r	g	h
g	p	l	á	t	a	c	l
á	c	u	p	á	n	e	a

5. Scríobh isteach an focal ceart.

(a) Tá Niamh ag ól _____ bainne _____ .

(b) Tá Mamaí ag ithe _____ arán _____ .

(c) Chuir Séamas _____ subh _____ ar an tósta.

(d) Itheann Daidí _____ ubh _____ don bhricfeasta.

(e) Tá Liam _____ ag ithe _____ a bhricfeasta.

(f) Tá Laura _____ ag ól _____ sú oráiste.

ubh
subh
arán
bainne
ag ithe
ag ól

6. Scríobh agus tarraing pictiúr.

forc	scian	spúnóg
pláta	babhla	cupán

7. Ceart (✔) nó Mícheart (X)?

(a) ag ithe _____✔_____

(b) ag ól _____X_____

(c) ag gáire _____V_____

(d) ag ní _____V_____

(e) ag rith _____V_____

(f) ag siúl _____X_____

8. Bí ag scríobh.

(a) gean + saí = _____geansaí_____

(b) scior + ta = _____sciorta_____

(c) vei + st = _____veist_____

(d) lé + ine = _____léine_____

(e) stoc + aí = _____stocaí_____

(f) brís + te = _____briste_____

9. Scríobh isteach an focal ceart.

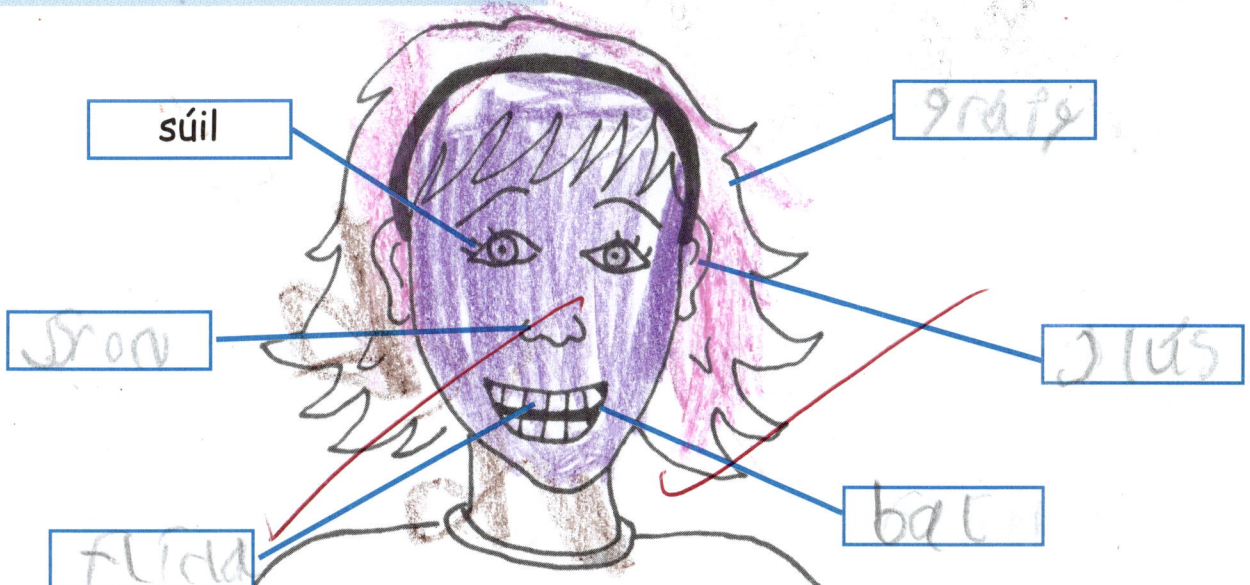

súil

gruaig

srón

cluas

fiacla

bal

13

Aonad 7   Ar Scoil

Liosta Focal

1. clog
2. cailc
3. clár dubh
4. mála scoile
5. dalta
6. múinteoir

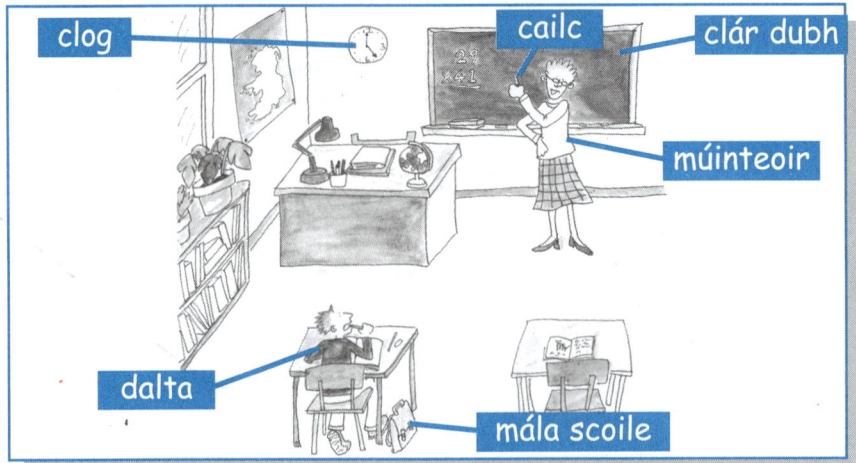

clog • cailc • clár dubh • múinteoir • dalta • mála scoile

1. Scríobh an focal ceart in aice leis an bpictiúr.

(a) = ___dalta___

(b) = ___Clog___ ✔

(c) = ___clár dubh___ ✔

(d) = ___mála scoile___ ✔

(e) = ___múinteoir___ ✔

(f) = ___cailc___ ✔

2. Ceart (✔) nó Mícheart (✗)?

(a) cailc   ✗

(b) clog   ✔

(c) mála scoile ✔

(d) dalta   ✗

(e) múinteoir   ✔

(f) clár dubh   ✔

3. Cuardach Focal

múinteoir

cailc

clog

mála scoile

dalta

clár dubh

c	c	a	i	l	c	c	l	d	d
m	á	t	n	c	s	c	s	c	a
m	ú	i	n	t	e	o	i	r	l
á	n	r	ó	p	a	g	t	a	t
a	t	l	d	m	p	t	a	u	a
m	á	l	a	s	c	o	i	l	e
e	ó	á	r	l	c	b	h	d	h
r	c	l	á	r	d	u	b	h	b

4. Bí ag scríobh.

(a) clár + dubh   =   clár dubh

(b) múin + teoir   =   _Múinteoir_

(c) mála + scoile   =   _mála scoile_

(d) dal + ta   =   _dalta_

(e) cl + og   =   _clog_

(f) cai + lc   =   _cailc_

5. Dathaigh:

1. an clog

2. an clár dubh

3. an chailc

4. an múinteoir

5. na daltaí

Aonad 8 Gníomhartha: Ar Scoil

Liosta Focal

1. ag léamh
2. ag scríobh
3. ag súgradh
4. ag léim
5. ag ciceáil
6. ag péinteáil

1. Ceangail agus scríobh.

(a) ag léim

(b) ag péinteáil   ag péinteáil

(c) ag scríobh   ag súgradh

(d) ag súgradh   ag léamh

(e) ag ciceáil   ag scríobh

(f) ag léamh   ag léim

                          ag ciceáil

2. Tusa ag scríobh.

(a) ag ciceáil   ag ciceáil   ag ciceáil   ag ciceáil

(b) ag léim   ag léim   ag léim   ag léim

(c) ag súgradh   ag súgradh   ag súgradh   ag súgradh

(d) ag péinteáil ag péinteáil ag péinteáil ag péinteáil

(e) ag léamh   ag léamh   ag léamh   ag léamh

(f) ag scríobh   ag scríobh   ag scríobh   ag scríobh

16

3. Crosfhocal

ag léamh

ag scríobh

ag súgradh

ag léim

ag ciceáil

ag péinteáil

	1	a	g			l	é	a	m	h	
		2	a	g		l	é	i	m	
3	a	g		c	i	c	e	á	i	l
4	a	g		s	c	r	í	o	b	h
5	a	g		s	ú	g	r	a	d	h
6	a	g		p	é	i	n	t	e	á	i	l

4. Bí ag scríobh.

(a) Tá Mairéad _____ ag léamh _____ .

(b) Tá Ricí _____ ag léimh _____ .

(c) Tá Sinéad _____ ag ciceáil _____ .

(d) Tá Niall _____ ag scríobh _____ .

(e) Tá Nuala _____ ag péinteáil _____ .

(f) Tá Fergus _____ ag súgradh _____ .

5. Scríobh agus dathaigh.

ag léim

ag léamh

ag scríobh

ag súgradh

ag ciceáil

ag péinteáil

17

Liosta Focal

1. masc
2. úll
3. púca
4. balúin
5. scuab
6. fáinne

balúin

púca

úll

masc

fáinne

scuab

1. Scríobh an focal ceart in aice leis an bpictiúr.

(a) = _púca_

(b) = _balúin_

(c) = _úll_

(d) = _fáinne_

(e) = _masc_

(f) = _scuab_

2. Ceart (✔) nó Mícheart (✗)?

(a) masc _✗_

(b) púca _✔_

(c) balúin _✔_

(d) úll _✗_

(e) scuab _✗_

(f) fáinne _✗_

3. Cuardach Focal

úll ✓

púca ✓

balúin ✓

scuab ✓

fáinne ✓

á	f	á	i	n	n	e	s
i	n	e	n	b	r	b	c
m	á	s	c	u	a	a	u
á	l	a	c	l	l	l	a
s	m	ú	l	l	ú	ú	b
c	a	c	s	g	i	i	c
p	p	ú	c	a	ú	n	l

4. Bí ag scríobh.

(a) pú + ca   =   púca

(b) bal + úin   =   balúin

(c) ú + ll   =   úll

(d) scu + ab   =   scuab

(e) fá + inne   =   fáinne

(f) ma + sc   =   masc

5. Dathaigh:

1. an púca

2. an t-úll

3. an masc

4. an fáinne

5. na balúin

6. an scuab

7. na milseáin

Aonad 10 Mo Dhinnéar

Liosta Focal

1. bagún
2. cáis
3. tráta
4. oinniún
5. anann
6. citseap

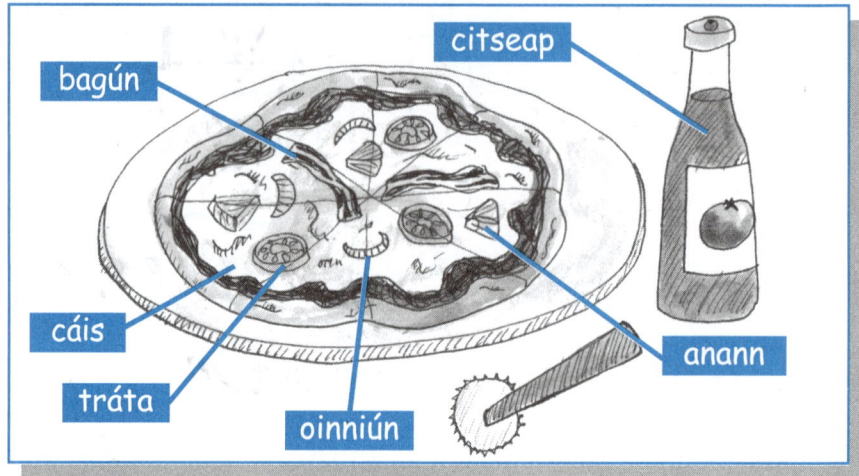

1. Scríobh agus dathaigh.

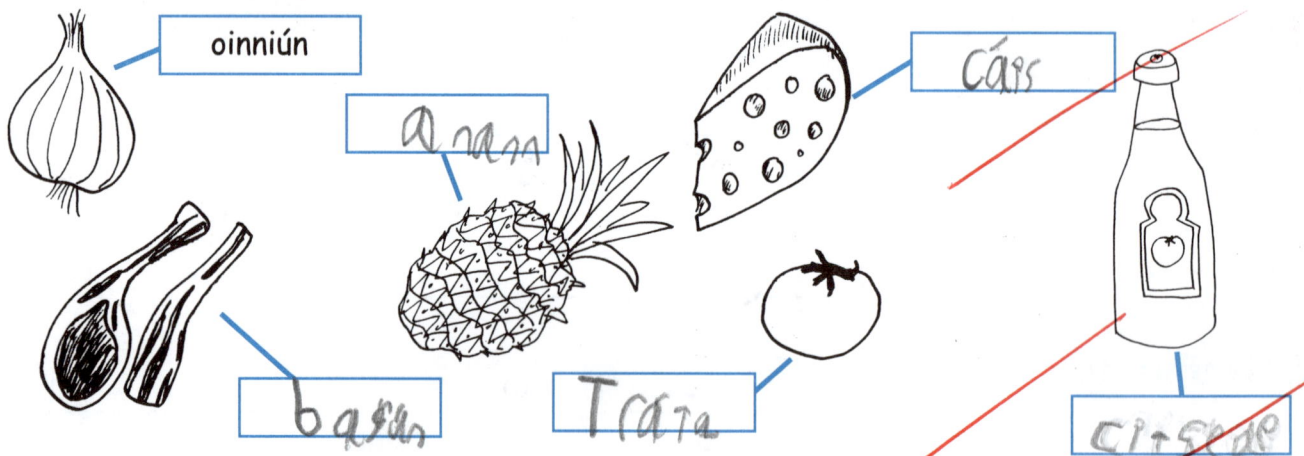

- oinniún
- anann
- cáis
- bagún
- Tráta
- citseap

2. Scríobh síos an focal ceart.

(a) = _bagún_

(b) = _Cáis_

(c) = _Anann_

(d) = _Oinniún_

(e) = _Tráta_

(f) = _Citseap_

3. Ceangail agus scríobh.

(a) bagún

(b) oinniún

(c) cáis

(d) anann

(e) citseap

(f) tráta

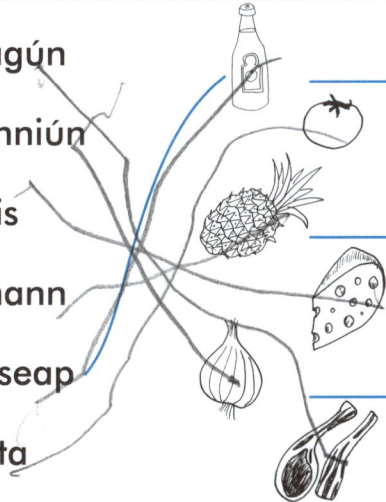

citseap

Tráta

anann

cáis

oinniún

bagún

4. Crosfhocal

cáis

bagún

tráta

oinniún

anann

citseap

```
      m
    ¹o r n g ú n
    ▮
      d
      h
  ²c á i s
    ³a n a n n
  ⁴b a g ú n
      é
 ⁵c i t s e a t
    ⁶t r a t a
```

5. Aimsigh an freagra agus dathaigh.

Nodanna   Pictiúir

11 + 3 = oráiste   12

8 + 8 = donn   16

8 + 4 = glas   14

4 + 6 = dearg   10

21

1. Ceangail

(a)   ag léamh

(b)   ag scríobh

(c)   ag ciceáil

(d)   ag súgradh

(e)   ag léim

(f)   ag péinteáil

2. Crosfhocal

tráta

oinniún

cáis

anann

bagún

```
        m
        o
        d
        h
  ¹c  á  i  s
    ²o  i  n  n  i  ú  n
  ³a  n  a  n  n
        é
    ⁴b  a  g  ú  n
    ⁵t  r  á  t  a
```

3. Dathaigh:

1. an clár dubh

2. na daltaí

3. an clog

4. an mála scoile

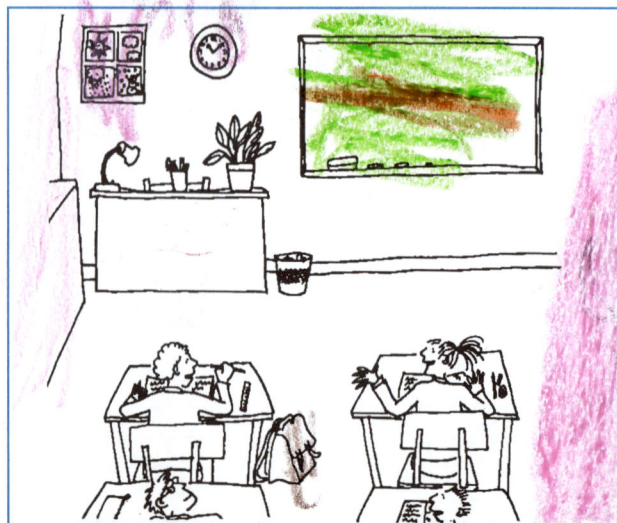

4. Cuardach Focal

masc

úll

púca

balúin

scuab

fáinne

ú	c	p	ú	c	a	n	t
b	a	s	c	a	ú	m	s
a	p	m	a	s	c	r	c
l	f	á	i	n	n	e	u
ú	e	ú	ú	i	f	á	a
i	n	l	c	t	u	a	b
n	i	l	ú	b	s	c	b

5. Scríobh isteach an focal ceart.

(a) Tá an _múinteoir_ ag an gclár dubh.

(b) Tá an _dalta_ ina suí ar an gcathaoir.

(c) Tá an múinteoir ag scríobh leis an g _cailc_ .

(d) Tá an _Mála scoile_ ar an urlár.

(e) Tá an _clog_ ar an mballa.

clog

cailc

clár dubh

mála scoile

dalta

múinteoir

6. Scríobh agus tarraing.

scuab

úll

masc

balúin

fáinne

púca

23

7. Ceart (✔) nó Mícheart (✗)?

(a) clog _____✔_____

(b) cailc _____✓_____

(c) clár dubh _____V_____

(d) dalta _____✗_____

(e) múinteoir _____✗_____

8. Bí ag scríobh.

(a) bag + ún   =   bagún

(b) trá + ta   =   _tata_

(c) oinn + iún   =   _óinniún_

(d) an + ann   =   _anann_

(e) cit + seap   =   _citseap_

(f) cá + is   =   _cáis_

9. Scríobh na focail chearta sna boscaí.

ag léim

ag scríobh

ag ciceáil

ag péinteáil

ag súgradh

ag léamh

Aonad 12 An Seomra Suí

Liosta Focal

1. tolg
2. tine
3. teilifís
4. solas
5. lampa
6. cófra

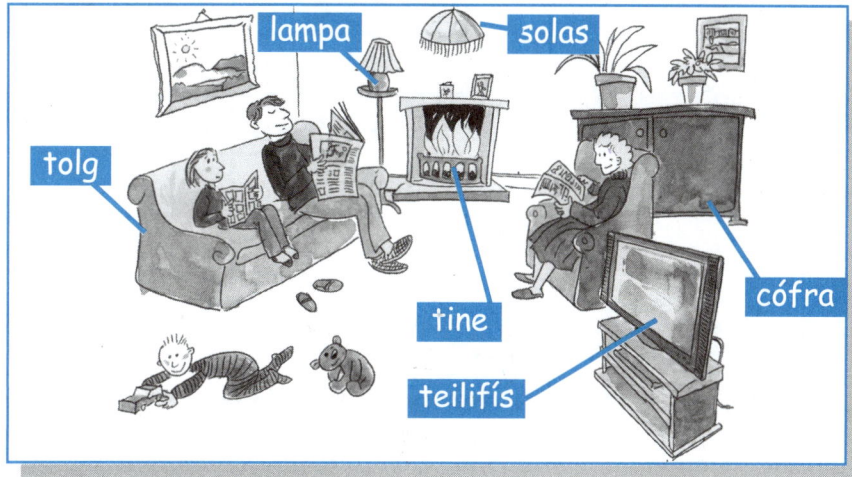

1. Ceangail agus scríobh.

(a) tine

(b) cófra

(c) lampa

(d) solas

(e) tolg

(f) teilifís

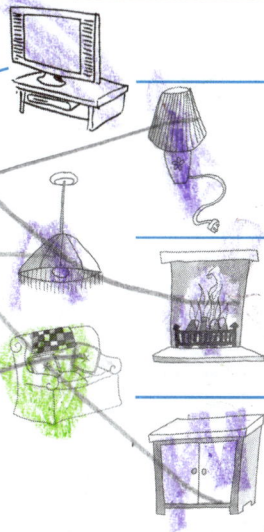

teilifís

lampa

Solas

Tine

Tlog

cófra

2. Tusa ag scríobh.

(a)	tolg	tolg	tolg	tolg
(b)	teilifís	Teilifís	Teilifís	Teilifís
(c)	solas	Solas	Solas	Solas
(d)	lampa	lampa	lampa	lampa
(e)	cófra	cófra	cófra	cófra
(f)	tine	Tine	Tine	Tine

3. Cuardach Focal

tolg
lampa
cófra
solas
teilifís
tine

t	e	i	l	i	f	í	s
i	e	n	a	m	h	t	o
n	t	é	m	t	r	s	l
e	b	a	p	ú	o	c	a
u	ó	t	a	n	s	r	s
é	m	h	c	ó	f	r	a
n	t	o	l	g	b	t	s

4. Bí ag scríobh.

(a) teil + ifís   =   teilifís

(b) lam + pa   =   lampa

(c) to + lg   =   Tolg

(d) cóf + ra   =   cófra

(e) sol + as   =   solas

(f) ti + ne   =   Tine

An-mhaith

5. Scríobh agus dathaigh.

lampa

teilifís

Tine

cófra

solas

Tolg

Aonad 13 *An Siopa*

prátaí

cáis

im

sicín

trátaí

airgead

1. Scríobh an focal ceart in aice leis an bpictiúr.

(a) = cáis

(b) = sicín

(c) = Trátaí

(d) = prátaí

(e) = airgeaó

(f) = im

2. Ceart (✔) nó Mícheart (✗)?

(a) cáis ✗

(b) prátaí ✔

(c) sicín ✔

(d) trátaí ✗

(e) airgead ✔

(f) im ✔

27

3. Crosfhocal

sicín

trátaí

prátaí

cáis

im

airgead

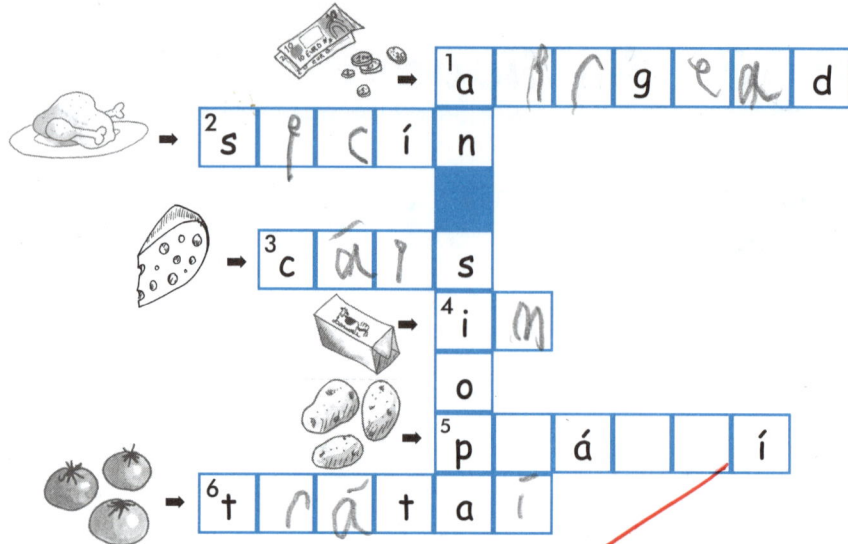

Crossword answers:
1. a i r g e a d
2. s i c í n
3. c á i s
4. i m
5. p á _ _ í
6. t r á t a í

4. Bí ag scríobh.

(a) Tá dath dearg ar na _____ trátaí _____.

(b) Tá dath donn ar na _____ prátaí _____.

(c) Tá _____ cáis _____ sa tralaí.

(d) Tá _____ sicín _____ sa tralaí freisin.

(e) Tá _____ airgead _____ ag Mamaí.

(f) Tá _____ im _____ ar an tseilf.

5. Dathaigh:

1. an sicín

2. an cháis

3. an t-im

4. na prátaí

5. na trátaí

Aonad 14   An Chéad Nollaig

Liosta Focal

1. Íosa
2. rí
3. aoire
4. aingeal
5. ~~réalta~~
6. bó

réalta · aingeal · Íosa · aoire · rí · bó

1. Scríobh agus dathaigh.

réalta

rí

Íosa

aingeal

bó

aoire

2. Scríobh síos an focal ceart.

(a) = réalta

(b) = aingeal

(c) = Íosa

(d) = aoire

(e) = rí

(f) = bó

An-mhaith

3. Ceangail agus scríobh.

(a) Íosa

(b) aingeal

(c) rí

(d) aoire

(e) réalta

(f) bó

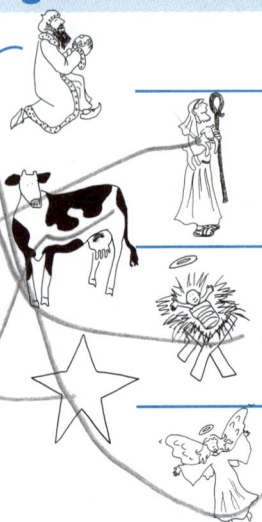

rí

aoire

bó

Íosa

réalta

aingeal

4. Cuardach Focal

aingeal
réalta
bó
aoire
rí
Íosa

a	i	n	g	e	a	l	l
o	í	s	a	n	g	l	b
i	c	d	f	í	o	s	a
r	é	a	l	t	a	í	o
e	a	l	é	t	r	a	b
ó	n	c	r	c	b	á	b
n	í	t	r	í	s	b	ó

Maith thú

5. Aimsigh an freagra agus dathaigh.

Nodanna

Pictiúir

9 – 5 = buí

10 – 7 = bán

8 – 6 = gorm

10 – 1 = donn

2

3

4

9

Aonad 15   *Dul Siar*

1. Ceangail

(a)   tine

(b)   cófra

(c)   lampa

(d)   solas

(e)   tolg

(f)   teilifís

2. Crosfhocal

prátaí

im

sicín

airgead

cáis

trátaí

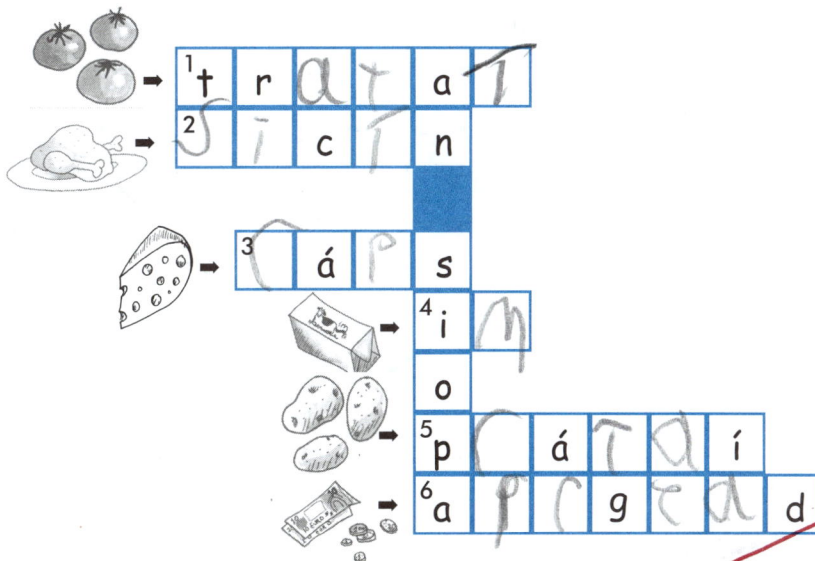

¹t	r	a	t	a
²	i	c	i	n

³	á		s

⁴i m

o

⁵p á t a í

⁶a i r g e a d

3. Dathaigh:

1. Íosa

2. an rí

3. an t-aingeal

4. an bhó

5. an réalta

31

4. Cuardach Focal

Íosa

rí

aingeal

réalta

aoire

bó

á	Í	o	s	a	s	á	c
s	é	r	é	a	l	t	a
r	b	t	c	r	á	e	l
t	ó	n	t	l	e	a	b
a	i	n	g	e	a	l	l
a	o	i	r	e	e	r	í
í	o	c	s	t	b	ú	e

5. Scríobh isteach an focal ceart.

(a) Tá an _SicTn_ sa chuisneoir.

(b) Tá an _IM_ sa chuisneoir freisin.

(c) Tá _airgead_ sa sparán.

(d) Cheannaigh Seán _Traw_ sa siopa.

(e) Cheannaigh Daidí _Cas_ sa siopa.

(f) Tá _pratí_ ag fás sa ghort.

im

cáis

prátaí

trátaí

sicín

airgead

6. Scríobh agus tarraing.

lampa	tine	solas
cófra	teilifís	tolg

7. Ceart (✔) nó Mícheart (✗)?

(a) réalta ✔

(b) aoire ✗

(c) rí ✗

(d) bó ✔

(e) aingeal ✔

(f) Íosa ✔

8. Bí ag scríobh.

(a) cóf + ra = cófra

(b) ti + ne = tine

(c) to + lg = tolg

(d) lam + pa = lampa

(e) teil + ifís = teilifís

(f) sol + as = solas

9. Scríobh isteach an focal ceart.

im

caipsí

práta

tráta

siúcra

airgead

33

Aonad 16 Gníomhartha

Liosta Focal

1. ag snámh
2. ag canadh
3. ag damhsa
4. ag léamh
5. ag scríobh
6. ina chodladh

ag snámh

ag scríobh

ag léamh

ag canadh

ina chodladh

ag damhsa

1. Ceangail agus scríobh.

(a) ag léamh

(b) ag scríobh

(c) ag damhsa

(d) ina chodladh

(e) ag canadh

(f) ag snámh

ag snámh

ina chodladh

ag léamh

ag damhsa

ag canadh

ag scríobh

2. Tusa ag scríobh

(a)	ag snámh	ag snámh	ag snámh	ag snámh
(b)	ag canadh	ag canadh	ag canadh	ag canadh
(c)	ag damhsa	ag damhsa	ag damhsa	ag damhsa
(d)	ina chodladh	ina chodladh	ina chodladh	ina chodla
(e)	ag léamh	ag léamh	ag léamh	ag léamh
(f)	ag scríobh	ag scríobh	ag scríobh	ag scríobh

3. Crosfhocal

ag snámh

ag damhsa

ina chodladh

ag léamh

ag scríobh

ag canadh

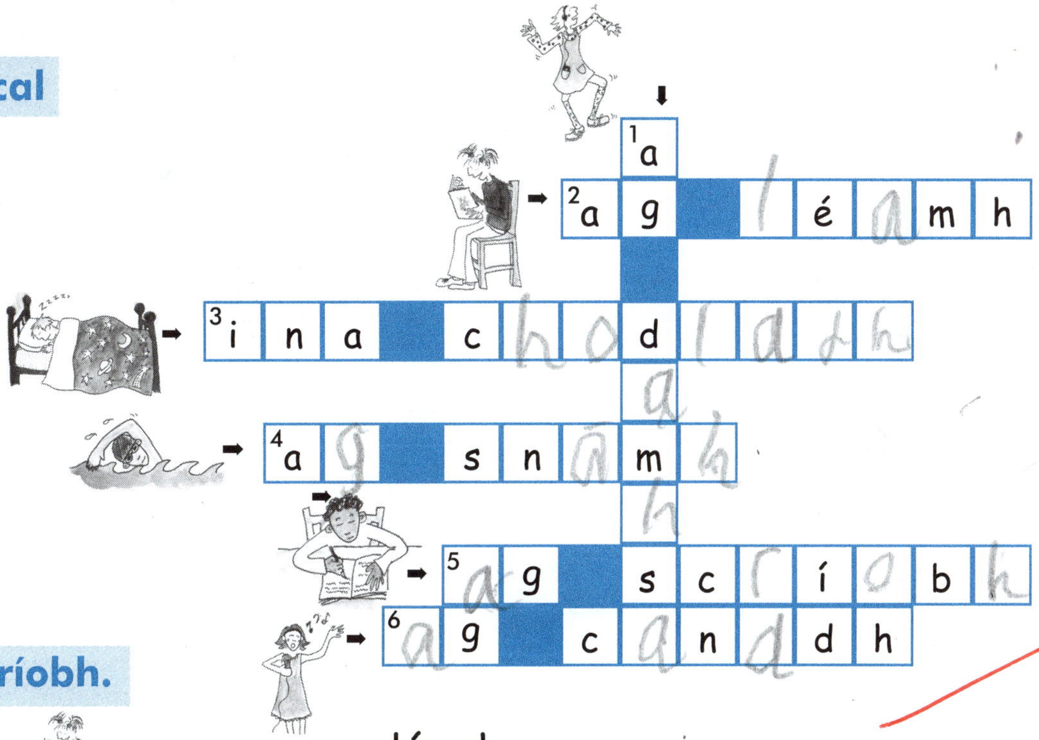

Crossword grid:

1. a
2. a g l é a m h
3. i n a c h o d l a d h
4. a g s n á m h
5. a g s c r í o b h
6. a g c a n a d h

4. Bí ag scríobh.

(a) Tá Emma _____ag léamh_____ .

(b) Tá Ruairí _____ina chodladh_____

(c) Tá Siobhán _____ag canadh_____ .

(d) Tá Seán _____ag snámh_____ .

(e) Tá Deirdre _____ag damhsa_____ .

(f) Tá Daithí _____ag scríobh_____ .

5. Scríobh agus dathaigh.

ag léamh

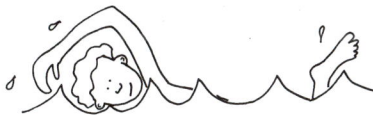
ag snámh

ag damhsa

ag scríobh

ag canadh

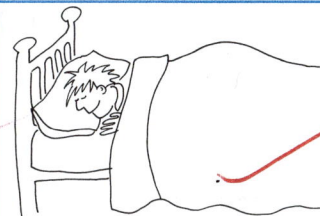
ina chodladh

Aonad 17 Uimhreacha 1–6

Liosta Focal

1. aon
2. dó
3. trí
4. ceathair
5. cúig
6. sé

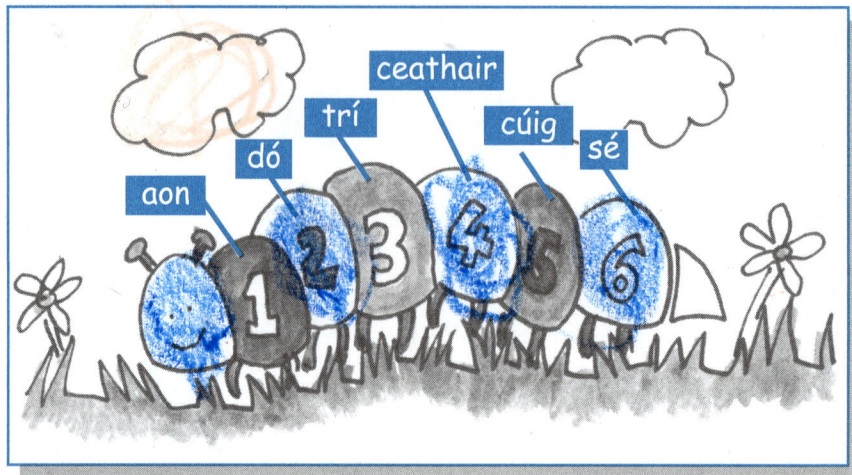

1. Scríobh síos an focal ceart.

(a) 4 = _ceathair_

(b) 6 = _sé_

(c) 2 = _do_

(d) 1 = _aon_

(e) 3 = _trí_

(f) 5 = _cúig_

2. Scríobh agus dathaigh.

_dó_

ceathair

cúig

aon

_sé_

trí

3. Ceangail agus scríobh.

(a) aon

(b) dó

(c) trí

(d) ceathair

(e) cúig

(f) sé

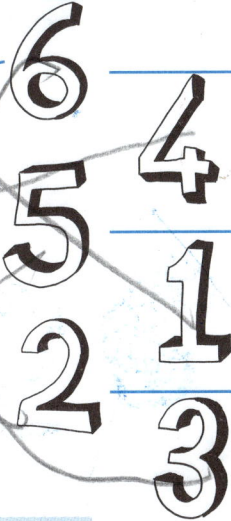

6 4 5 1 2 3

sé

ceathair

cúig

aon

dó

trí

4. Cuardach Focal

aon ✓
dó ✓
trí ✓
ceathair ✓
cúig ✓
sé ✓

ó	t	r	t	r	í	r	a
s	é	a	e	c	h	d	n
c	e	a	t	h	a	i	r
g	ú	a	o	n	p	r	d
i	i	o	n	l	n	ó	ó
r	g	c	ú	i	g	é	l

5. Aimsigh an freagra agus dathaigh.

Nodanna

12 – 6 = gorm

11 – 8 = buí

8 – 3 = dearg

10 – 1 = bándearg

Pictiúir

5

6

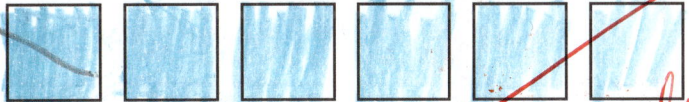

3

9

37

Aonad 18 An Siopa Éadaí

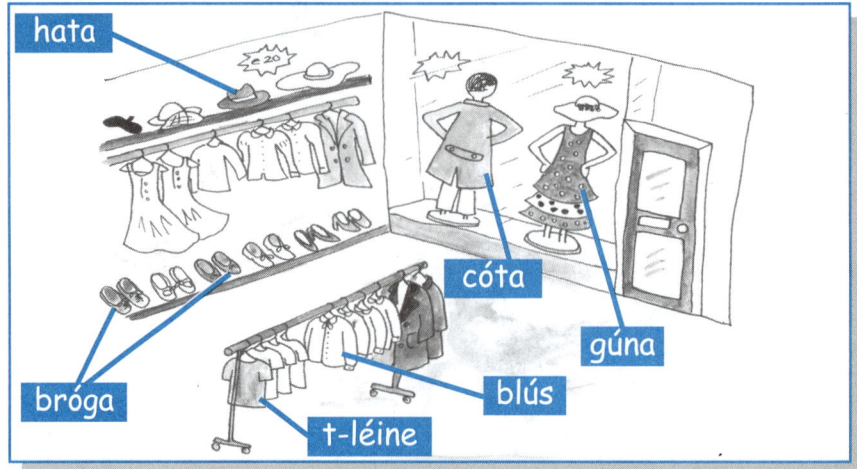

hata

cóta

gúna

bróga

blús

t-léine

1. Ceangail agus scríobh.

(a) t-léine

(b) hata

(c) cóta

(d) bróga

(e) gúna

(f) blús

bróga

hata

blus

gúna

Telíne

cóta

2. Tusa ag scríobh.

(a)	gúna	gúna	gúna	gúna
(b)	blús	blus	blas	blas
(c)	cóta	cóta	cóta	cóta
(d)	bróga	bróga	bróga	bróga
(e)	hata	hata	hata	hata
(f)	t-léine	Héine	T léine	T léine

38

3. Cuardach Focal

t-léine
hata
cóta
bróga
gúna
blús

s	n	á	h	a	t	a	n
t	t	t-	l	é	i	n	e
g	t	á	b	l	m	n	c
ú	é	b	l	ú	s	l	c
n	o	r	b	s	n	ú	ó
a	p	á	é	t	d	c	t
c	o	l	b	r	ó	g	a

4. Bí ag scríobh.

(a) bl + ús   =   blús

(b) gú + na   =   gúna

(c) bró + ga   =   bróga

(d) có + ta   =   cóta

(e) t- + léine   =   t-léine

(f) ha + ta   =   hata

5. Scríobh agus dathaigh.

gúna

cóta

blús

hata

bróga

t-léine

39

Aonad 19   Uimhreacha 7–12

Liosta Focal

1. seacht
2. ocht
3. naoi
4. deich
5. aon déag
6. dó dhéag

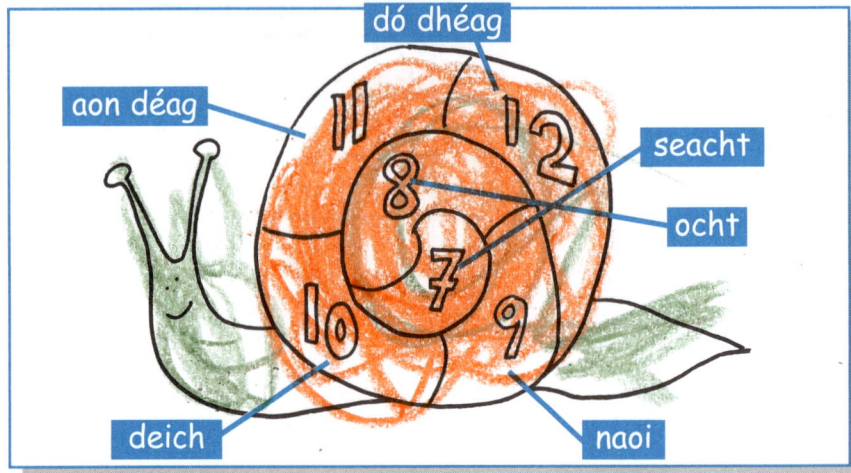

dó dhéag

aon déag

seacht

ocht

deich

naoi

1. Scríobh isteach an freagra ceart.

(a) 7 = **seacht**

(b) 8 = Ocht

(c) 9 = naop   *naoi*

(d) 10 = deich

(e) 11 = aon deag

(f) 12 = dó dhe ag

2. Ceart (✔) nó Mícheart (✗)?

(a) seacht + + + + + + +   ✔

(b) ocht ▬ ▬ ▬   ✗

(c) naoi ✗ ✗ ✗ ✗ ✗ ✗ ✗ ✗   ✓

(d) deich ÷ ÷ ÷ ÷ ÷ ÷ ÷ ÷ ÷   ✓

(e) aon déag ✳ ✳   ✗

(f) dó dhéag △ △ △ △   ✗

40

3. Cuardach Focal

seacht
ocht
naoi
deich
aon déag
dó dhéag

d	a	o	n	d	é	a	g
d	e	c	i	h	o	n	a
e	i	í	r	n	a	o	i
i	b	o	c	h	t	n	h
c	ó	h	c	t	l	á	g
h	ó	s	e	a	c	h	t
d	ó	d	h	é	a	g	d

4. Bí ag scríobh.

(a) ocht — ocht — ocht — ocht

(b) naoi — naoi — naoi — naoi

(c) aon déag — aon deag — aon deag — aon deag

(d) seacht — seacht — seacht — seacht

(e) deich — deich — deich — deich

(f) dó dhéag — dó dheag — dó dheag — dó dheag

5. Dathaigh:

1. Ocht gcat

2. Deich gcoinín

3. Seacht gcarr

1. Ceangail

(a) ina chodladh

(b) ag scríobh

(c) ag canadh

(d) ag snámh

(e) ag léamh

(f) ag damhsa

2. Cuardach Focal

aon

dó

trí

ceathair

cúig

sé

t	h	c	a	o	n	l	d
c	e	a	t	h	a	i	r
ú	i	l	r	á	b	c	r
i	g	e	í	m	ó	p	b
g	n	p	l	c	ú	b	n
g	u	i	c	s	n	r	p
s	é	é	p	p	d	d	ó

3. Dathaigh:

1. an hata

2. an cóta

3. an t-léine

4. na bróga

4. Crosfhocal

seacht

ocht

naoi

deich

aon déag

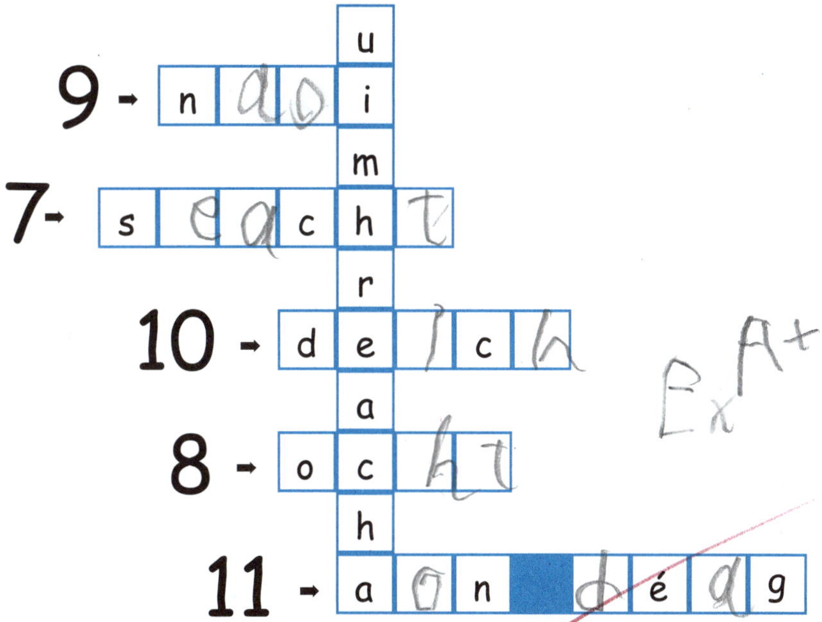

9 → n a o | u i m h r e a c h
(crossword grid with vertical word "uimhreach")

7 → s e a c h t

10 → d e i c h

8 → o c h t

11 → a o n d é a g

Ex A+

5. Scríobh isteach na focail chearta.

(a) Tá Liam _____ ag scríobh _____ sa chóipleabhar.

(b) Is maith liom bheith _____ ag canadh _____

(c) Tá Mairéad _____ ag léamh _____ an leabhair.

(d) Tá Dara _____ ina chodladh _____ sa leaba.

(e) Is maith liom bheith _____ ag damhsa _____ .

(f) Tá Siobhán _____ ag snámh _____ sa linn snámha.

ag snámh
ag canadh
ag damhsa
ag léamh
ag scríobh
ina chodladh

6. Scríobh agus tarraing.

gúna

hata

cóta

blús

t-léine

bróga

7. Ceart (✔) nó Mícheart (✗)?

(a) **2**   dó   ✔

(b) **4**   trí   ✗

(c) **1**   aon   V

(d) **3**   ceathair   ✗

(e) **5**   cúig   V

(f) **6**   sé   V

8. Bí ag scríobh.

(a) ha + ta   =   hata

(b) có + ta   =   cóta

(c) bl + ús   =   blús

(d) t- + léine   =   t-léine

(e) bró + ga   =   bróga

(f) gú + na   =   gúna

an-mhaith

9. Scríobh isteach an focal ceart.

Cé mhéad?

cúig		deich
trí		seacht

Aonad 21 Ar an bhFeirm

Liosta Focal

1. bó
2. muc
3. caora
4. uan
5. capall
6. cearc

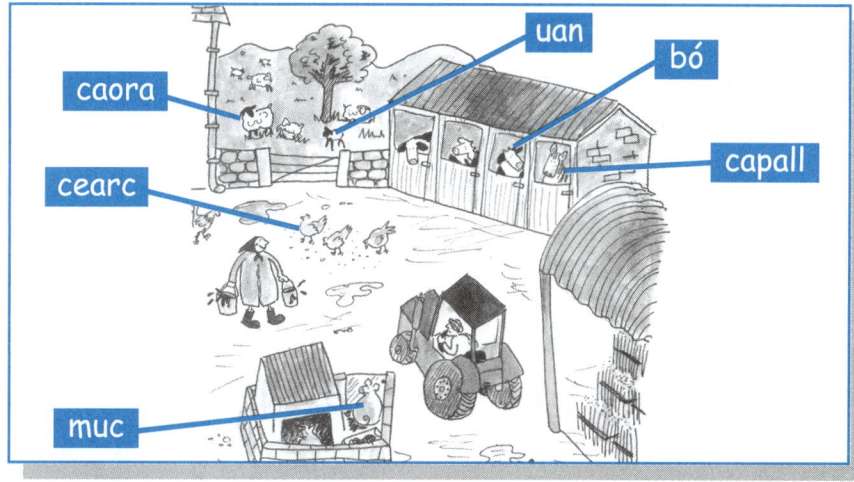

caora · uan · bó · cearc · capall · muc

1. Scríobh agus dathaigh.

Cearc · Muc · bó · Capall · uan · caora

2. Scríobh síos an focal ceart.

(a) = cearc

(b) = bó

(c) = caora

(d) = uan

(e) = muc

(f) = capll

45

3. Ceangail agus scríobh.

(a) cearc

(b) capall

(c) bó

(d) muc

(e) caora

(f) uan

caora

cmusll

uan

_bó_

cearc

capall

4. Crosfhocal

cearc

muc

capall

caora

uan

bó

Across/Down grid:

1. c a o r a
   a r r
2. c a p a l l
3. u a n
4. b
   h
   f
5. c e a r g
   i
   r
6. m u c

5. Aimsigh an freagra agus dathaigh.

Nodanna

Pictiúir

20 – 10 = donn

15 – 10 = buí

9 – 6 = dearg

12 – 8 = bándearg

5

10

3

4

Aonad 22   Mo Bhreithlá

Liosta Focal

1. cáca
2. cárta
3. brioscaí
4. criospaí
5. balúin
6. coinnle

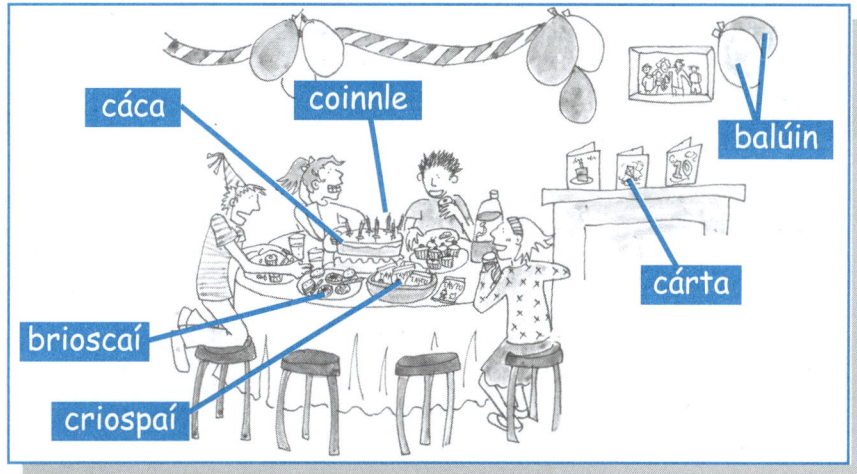

Labels in picture: cáca, coinnle, balúin, cárta, brioscaí, criospaí

1. Scríobh an focal ceart in aice leis an bpictiúr.

(a) = cáca

(d) = coinnle

(b) = cártá

(e) = brioscaí

(c) = balúin

(f) = criospaí

2. Ceart (✔) nó Mícheart (✗)?

(a) cáca — ✗

(b) brioscaí — ✗

(c) criospaí — ✗

(d) coinnle — ✔

(e) cárta — ✔

(f) balúin — ✔

3. Crosfhocal

balúin

cárta

cáca

brioscaí

criospaí

coinnle

	m				
1 c	o	i	n	n	l e

2 b | a | l | ú | i | n

b
h

3 b | r | i | o | s | c a í

e

4 c | r | i | o | s | p a í

5 c | á | r | t | a í

t
h
l

6 c | á | c | a

4. Bí ag scríobh.

(a) Tá _____ cáca _____ ar an mbord.

(b) Tá dath buí ar na _____ coinnle _____ .

(c) Tá dath gorm ar na _____ balúin _____ .

(d) Tá Síle ag ithe _____ brioscaí _____ .

(e) Tá Stiofán ag ithe _____ criospaí _____ .

(f) Tá _____ cártaí _____ ar an tseilf.

5. Dathaigh:

1. an cáca

2. na coinnle

3. na cártaí

4. na balúin

6. na bronntanais

48

Aonad 23 Ar an Trá

Liosta Focal

1. trá
2. bád
3. spád
4. ag snámh
5. portán
6. buicéad

bád
ag snámh
trá
portán
spád
buicéad

1. Scríobh agus dathaigh.

bád

bád

ag snámh

bad

Spad

Portan

buiceat

2. Scríobh síos na focail chearta.

(a) = portán

(b) = Spad

(c) = buicead

(d) = bad

(e) = ag Snamh

(f) = Fra

3. Ceangail agus scríobh.

(a) trá

(b) bád

(c) spád

(d) ag snámh

(e) portán

(f) buicéad

spád

buicéad

portan

bad

Tra

ag snamh

4. Cuardach Focal

trá
bád
spád
ag snámh
portán
buicéad

c	e	á	d	b	i	u	p
b	u	i	c	é	a	d	o
á	a	g	c	r	s	p	r
d	n	s	p	á	d	á	t
h	n	u	i	t	p	r	á
é	d	a	s	r	l	s	n
a	g	s	n	á	m	h	m

5. Aimsigh an freagra agus dathaigh.

Nodanna

Pictiúir

14 – 7 = gorm

16 – 8 = buí

18 – 9 = dearg

20 –10 = bándearg

9

10

8

7

Aonad 24 *An Sú*

Liosta Focal

1. leon
2. moncaí
3. béar
4. rón
5. camall
6. cás

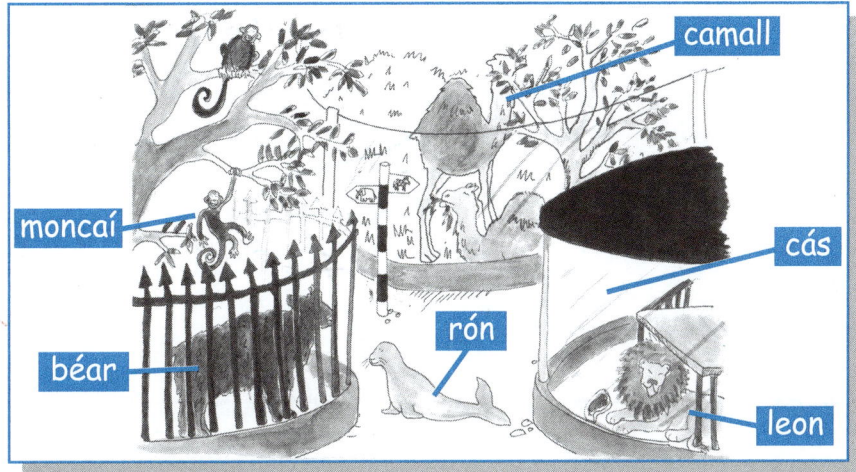

camall

moncaí

cás

béar

rón

leon

1. Ceangail agus scríobh.

(a) cás — cás

(b) rón — rón

(c) béar — camall

(d) moncaí — béar

(e) leon — moncaí

(f) camall — leon

an-mhaith

2. Tusa ag scríobh.

(a)	cás	cás	cás	cás
(b)	rón	rón	rón	rón
(c)	camall	camall	camall	camall
(d)	leon	leon	leon	camall
(e)	béar	béar	béar	béar
(f)	moncaí	moncaí	moncaí	moncaí

51

3. Cuardach Focal

rón
moncaí
leon
cás
camall
béar

l	c	a	m	a	l	l	a
e	á	m	a	l	c	r	e
o	s	n	c	b	é	a	r
n	d	p	n	b	ó	t	e
m	o	n	c	a	í	í	l
n	m	n	o	c	í	a	s
r	ó	n	r	c	ó	e	t

4. Bí ag scríobh.

(a) c + ás   =   cás

(b) mon + caí   =   moncaí

(c) le + on   =   leon

(d) cam + all   =   camall

(e) r + ón   =   rón

(f) bé + ar   =   béar

Maith thú

5. Scríobh agus dathaigh.

rón

52

Aonad 25 *Dul Siar*

1. Ceangail

(a) capall

(b) muc

(c) bó

(d) cearc

(e) caora

(f) uan

2. Crosfhocal

cáca

criospaí

brioscaí

coinnle

balúin

cárta

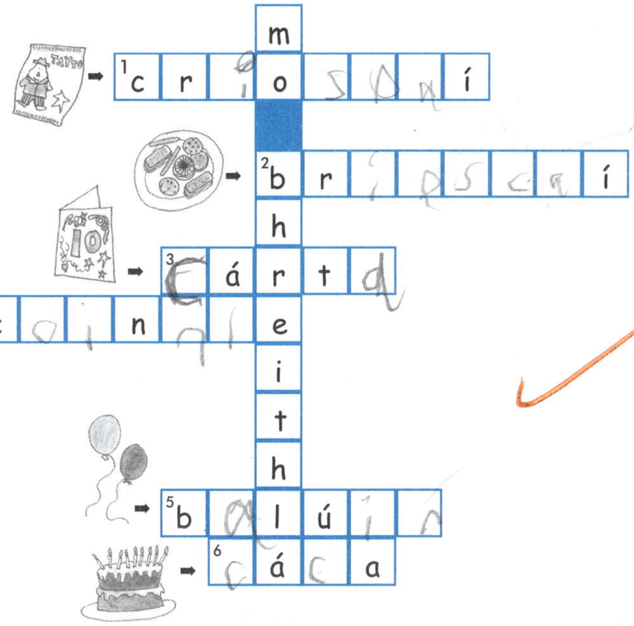

3. Dathaigh:

1. an leon
2. an moncaí
3. an camall
4. an rón

4. Cuardach Focal

trá
bád
spád
ag snámh
portán
buicéad

ó	p	o	r	t	á	n	s
r	t	n	á	c	p	á	s
b	u	i	c	é	a	d	p
á	c	e	t	r	á	u	á
d	o	p	r	d	á	ú	d
m	h	á	s	n	u	i	c
b	a	g	s	n	á	m	h

5. Scríobh isteach an focal ceart.

(a) Chonaic Niamh _____ bó _____ ar an bhfeirm.

(b) Chonaic Niall _____ caora _____ faoin tuath.

(c) Tá _____ capall _____ ag Síle.

(d) Tá _____ cearc _____ agus sicín ag an bhfeirmeoir.

(e) Chonaic Stiofán _____ caora _____ faoin tuath.

(f) Tá _____ muc _____ beag ag Dara.

bó
muc
caora
uan
capall
cearc

6. Scríobh agus tarraing.

| bád | portán | ag snámh |
| buicéad | spád | balún |

7. Ceart (✔) nó Mícheart (✗)?

(a) brioscaí _____ ✗

(b) balúin _____ ✔

(c) coinnle _____ ✔

(d) cárta _____ ✔

(e) cáca _____ ✔

(f) criospaí _____ ✔

8. Bí ag scríobh.

(a) m + uc   =   muc

(b) u + an   =   uan

(c) cao + ra   =   caora

(d) b + ó   =   bó

(e) cap + all   =   capall

(f) cea + rc   =   cearc

an-mhaith

9. Scríobh isteach an focal ceart.

camall

Muncí

béar

rón

cás

leon

Aonad 26 An Chlann

Liosta Focal

1. clann
2. Mamaí
3. Daidí
4. Mamó
5. Daideo
6. leanbh

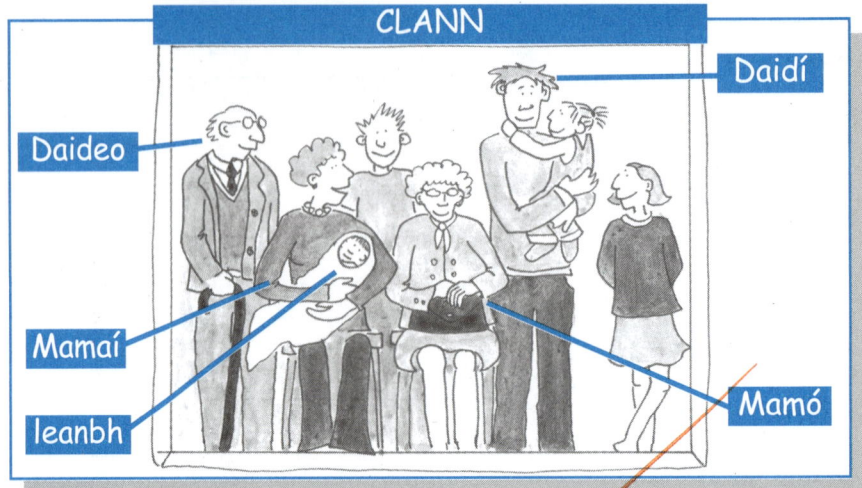

1. Ceangail agus scríobh.

(a) leanbh

(b) Mamaí

(c) Daidí

(d) Mamó

(e) Daideo

(f) clann

Daideo

Daidí

Mamaí

Mamó

leanbh

clann

2. Tusa ag scríobh.

(a)	Mamaí	Mamaí	Mamaí	Mamaí
(b)	Daidí	Daidí	Daidí	Daidí
(c)	clann	clann	clann	clann
(d)	leanbh	leanbh	leanbh	leanbh
(e)	Mamó	Mamó	Mamó	Mamó
(f)	Daideo	Daideo	Daideo	Daideo

56

3. Cuardach Focal

Mamaí
Daidí
Mamó
Daideo
leanbh
clann

M	a	m	ó	i	m	e	o
l	e	a	n	b	h	n	n
e	c	b	c	h	l	a	c
o	D	a	i	d	e	o	l
í	m	l	d	o	e	l	a
D	a	i	d	í	h	c	n
M	a	m	a	í	o	l	n

4. Bí ag scríobh.

(a) cl + ann   =   clann

(b) Dai + dí   =   Daidí

(c) Dai + deo   =   Daideo

(d) Mam + aí   =   Mamaí

(e) Mam + ó   =   Mamó

(f) lean + bh   =   leanbh

Ar fheabhas!

5. Scríobh agus dathaigh.

Mamaí

Daideo

Mamó

leanbh

clann

Daidí

57

Aonad 27   Mo Sheomra

Liosta Focal

1. leaba
2. balla
3. cófra
4. clog
5. doras
6. teidí

leaba

balla

clog

cófra   doras   teidí

1. Scríobh agus dathaigh.

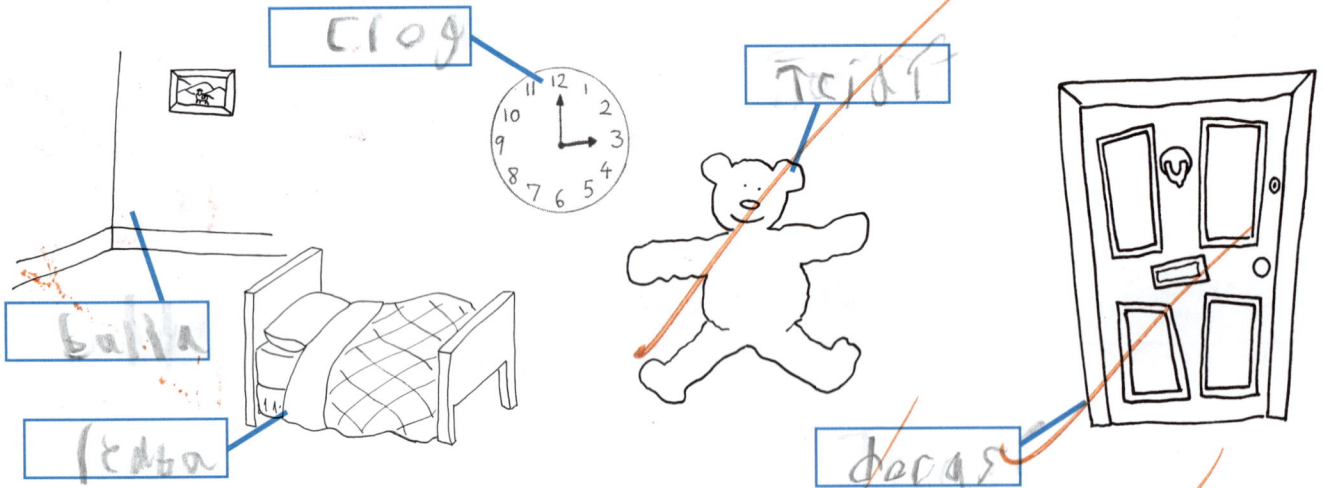

clog

Teidí

balla

leaba

doras

2. Scríobh síos an focal ceart.

(a) = _doras_

(b) = _leaba_

(c) = _clog_

(d) = _Teidí_

(e) = _cófra_

(f) = _balla_

58

3. Ceangail agus scríobh.

(a) leaba

(b) cófra

(c) balla

(d) clog

(e) doras

(f) teidí

doras

balla

teidí

c.log

leaba

cófra

4. Crosfhocal

clog
cófra
leaba
balla
teidí
doras

1. c l e g
2. t e i d í
3. c o f r a
4. b a l l a
5. d o r a s
6. l c a b r

an-mhaith

5. Aimsigh an freagra agus dathaigh.

Nodanna

2 + 2 = dearg

3 + 3 = buí

4 + 4 = gorm

5 + 5 = glas

Pictiúir

6

10

8

4

Aonad 28 Mo Mhála Scoile

Liosta Focal

1. lón
2. leabhar
3. peann
4. crián
5. iris
6. mála scoile

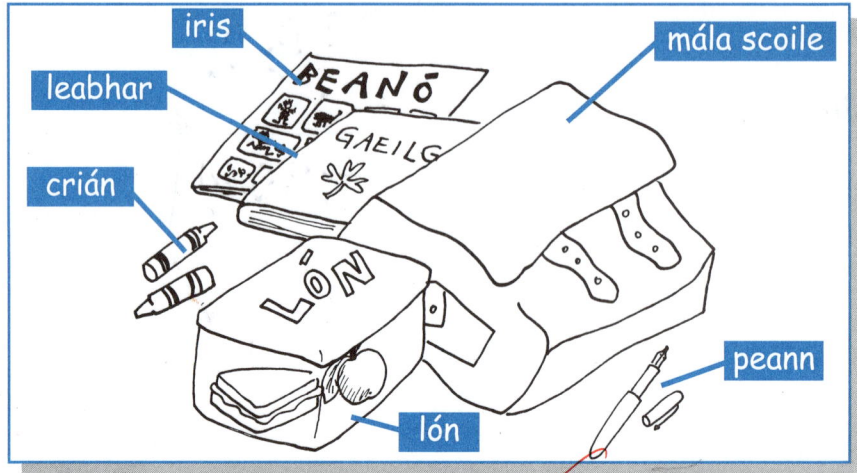

iris

leabhar

crián

mála scoile

lón

peann

1. Scríobh agus dathaigh.

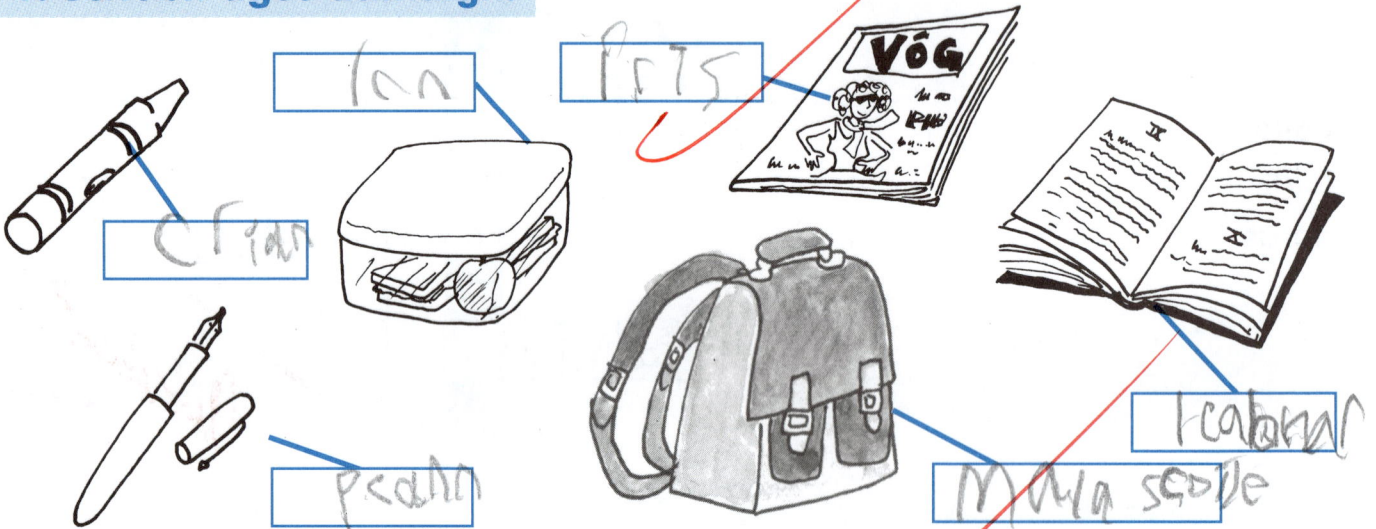

lón

iris

crián

peann

leabhar

mala scoile

2. Scríobh síos an focal ceart.

(a) = leabhar

(b) = iris

(c) = mala scoile

(d) = peann

(e) = lon

(f) = crían

3. Ceangail agus scríobh.

(a) lón

(b) leabhar

(c) crián

(d) iris

(e) peann

(f) mála scoile

mála scoile

crián

peann

leabhar

iris

lón

4. Crosfhocal

crián

lón

peann

leabhar

iris

		m			
¹c	r	á	n		
		²l	ó	n	
³l	e	a	b	h	a	r

s
c
o
⁴i r i s
l
⁵p e a n n

5. Aimsigh an freagra agus dathaigh.

Nodanna

Pictiúir

7 + 7 = dearg

10 + 10 = buí

8 + 4 = gorm

4 + 6 = glas

10

12

14

20

Maith thú

61

Aonad 29   Faoin Tuath

Liosta Focal

1. éan
2. nead
3. geata
4. péist
5. crann
6. coinín

geata · nead · coinín · crann · éan · péist

1. Scríobh an focal ceart in aice leis an bpictiúr.

(a) = éan

(b) = Nead

(c) = feata

(d) = peist

(e) = crann

(f) = coinín

2. Ceart (✔) nó Mícheart (✗)?

(a) crann ✔

(b) éan

(c) nead

(d) péist

(e) coinín

(f) geata

62

3. Cuardach Focal

crann
coinín
ubh
péist
nead
geata

n	n	r	a	c	é	i	s
c	r	a	n	n	t	p	r
o	í	n	o	i	c	é	m
i	n	í	n	o	p	i	ú
n	e	d	a	s	í	s	l
í	c	r	g	e	a	t	a
n	e	a	d	h	u	b	h

4. Bí ag scríobh.

(a) gea + ta   =   geata

(b) coin + ín   =   coinín

(c) u + bh   =   ubh

(d) ne + ad   =   nead

(e) cr + ann   =   crann

(f) péi + st   =   péist

5. Dathaigh:

1. na crainn

2. an geata

3. na coiníní

4. an phéist

5. an nead

6. an madra

63

Aonad 30   *Dul Siar*

1. Ceangail

(a)   leanbh

(b)   Mamó

(c)   Daideo

(d)   an chlann

(e)   Mamaí

(f)   Daidí

2. Crosfhocal

lón

peann

crián

iris

leabhar

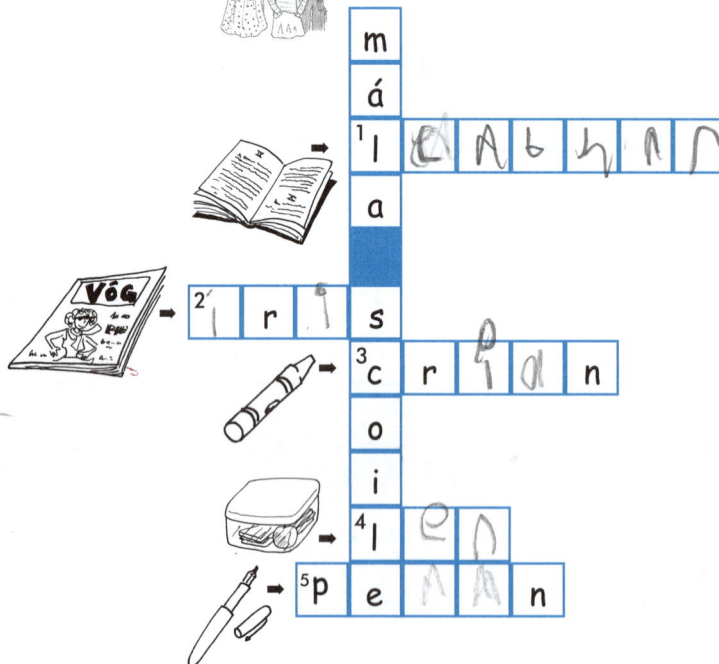

Crossword entries:
- m á l a b h a r
- a
- (blue)
- i r i s
- c r i a n
- o
- i
- l e a b a
- p e a n n

3. Dathaigh:

1. an leaba

2. an doras

3. an teidí

4. an clog

5. an cófra

4. Cuardach Focal

éan
nead
péist
crann
coinín
geata

í	c	o	i	n	í	n	g
n	o	i	c	n	í	g	e
t	p	a	g	e	a	t	a
s	é	n	s	d	a	p	é
i	i	n	n	e	a	d	a
p	s	c	ó	p	l	ú	n
é	t	r	c	r	a	n	n

5. Scríobh isteach an focal ceart.

(a) Tá ___Mama___ ag obair sa chistin.

(b) Tá ___Mamaí___ ag léamh sa ghairdín.

(c) Tá ___Daidió___ ina chodladh sa chathaoir.

(d) Tá ___Daidí___ ag scríobh litir.

(e) Tá an ___leanbh___ ina codladh sa leaba.

Mamaí
Daidí
Mamó
Daideo
leanbh

an-mhaith

6. Scríobh agus tarraing.

leabhar	peann	iris
úll	oráiste	clog

65

7. Ceart (✔) nó Mícheart (✗)?

(a) doras   ✔

(b) bábóg   V

(c) cófra   V

(d) leaba   V

(e) clog   V

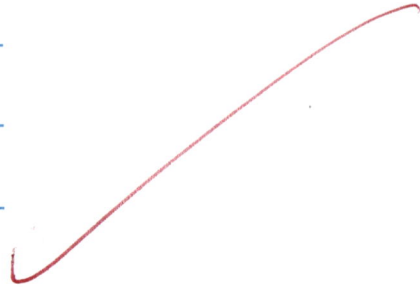

8. Bí ag scríobh.

(a) Mam + aí   =   Mamaí

(b) Mam + ó   =   Mamó

(c) Daid + í   =   Daidí

(d) Daid + eo   =   Daideo

(e) lean + bh   =   leanbh

9. Scríobh isteach an focal ceart.

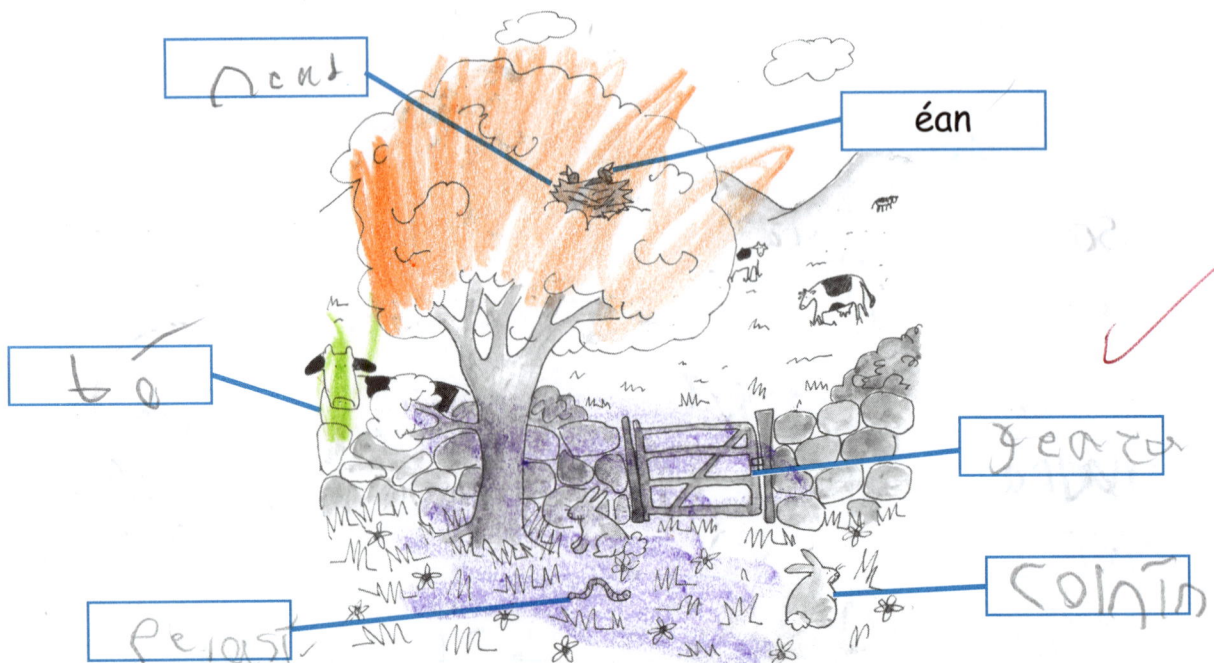

nead

éan

bó

geata

coinín

feirm

66

Aonad 31 Ainmhithe/Peataí

Liosta Focal

1. madra
2. cat
3. turtar
4. iasc
5. éan
6. coinín

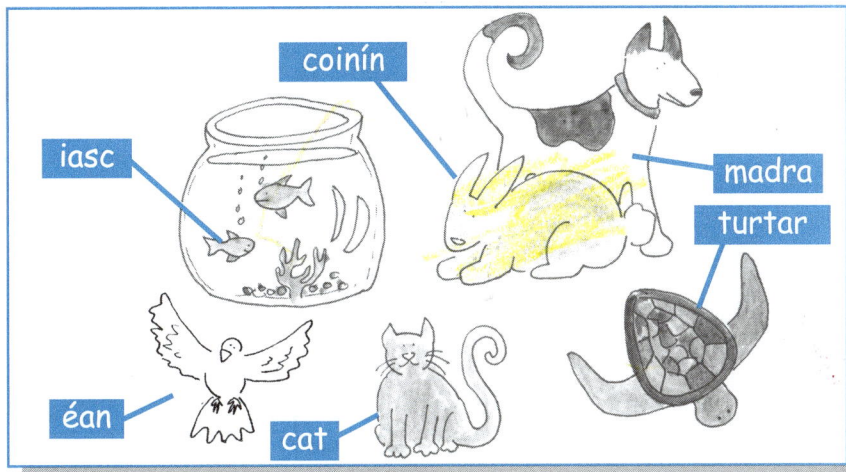

coinín

iasc

madra

turtar

éan

cat

1. Ceangail agus scríobh.

(a) madra

iasc

(b) cat   coinín

(c) coinín   éan

(d) iasc   Turtar

(e) éan   Cat

(f) turtar   Madra

2. Tusa ag scríobh.

(a) iasc   iasc   iasc   iasc

(b) éan   éan   éan   éan

(c) turtar   Turtar   Turtar   Turtar

(d) madra   Madra   Madra   Madra

(e) cat   cat   cat   cat

(f) coinín   coinín   coinín   coinín

3. Cuardach Focal

madra
cat
iasc
turtar
éan
coinín

m	c	o	i	n	í	n	c
m	a	d	r	a	p	ó	é
n	t	a	d	r	m	í	a
á	s	n	r	t	u	a	n
c	t	t	u	r	t	a	r
i	a	s	c	c	r	t	a
s	t	n	p	ó	b	a	r

4. Bí ag scríobh.

(a) mad + ra   =   madra

(b) coin + ín =   coinín

(c) tur + tar =   Turtar

(d) c + at   =   cat

(e) é + an   =   éan

(f) ia + sc   =   iasc

5. Scríobh agus dathaigh.

iasc

cat

madra

Turtar

éan

coinín

68

Aonad 32   *An Dochtúir*

Liosta Focal

1. tinn
2. piollairí
3. altra
4. leaba
5. uisce
6. dochtúir

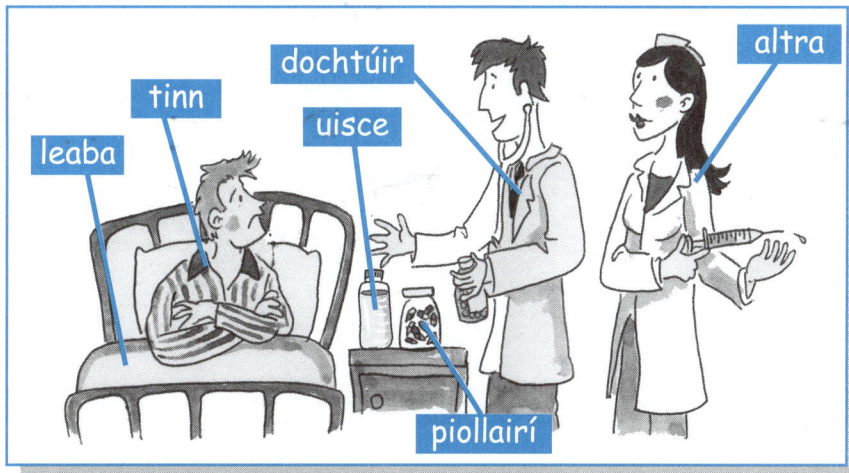

(Pictiúr: leaba, tinn, leaba, uisce, dochtúir, piollairí, altra)

1. Scríobh an focal ceart in aice leis an bpictiúr.

(a) = __tinn__

(b) = __Plodirí__

(c) = __alTrá__

(d) = __leaba__

(e) = __uisce__

(f) = __dochrair__

2. Ceart (✔) nó Mícheart (✗)?

(a) dochtúir _____ ✗

(b) uisce _____ ✓

(c) altra _____ ✓

(d) tinn _____ ✓

(e) leaba _____

(f) piollairí _____ ✗

69

3. Crosfhocal

dochtúir

uisce

piollairí

leaba

tinn

altra

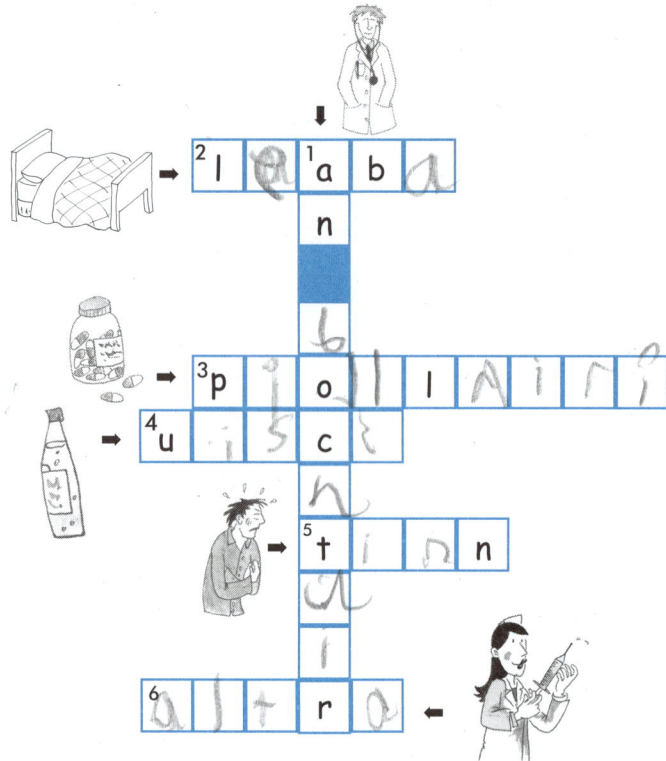

²l	¹a	b	a					
	n							
	b							
³p	i	o	l	l	a	i	r	í
⁴u	i	s	c					
	h							
	⁵t	i	n	n				
	a							
	i							
⁶a	l	t	r	a				

4. Bí ag scríobh.

(a) Tá ___uisce___ ar an mbord.

(b) Ta dath dearg ar na ___Piollairí___ .

(c) Tá Úna sa ___leaba___ .

(d) Chuir Mamaí fios ar an ___dochtúir___ .

(e) Tá Stiofán ___tinn___ .

(f) Thug an ___altra___ deoch uisce do Eoghan.

5. Dathaigh:

1. an leaba

2. na piollairí

3. an t-uisce

4. an dochtúir

5. an cárta

Aonad 33   *Bréagáin*

Liosta Focal

1. teidí
2. bábóg
3. brící
4. mirlíní
5. puipéad
6. liathróid

teidí

puipéad

brící

liathróid

bábóg

mirlíní

1. Scríobh agus dathaigh.

teidí

mirlíní

bábóg

liathróid   brící

puipéad

2. Scríobh síos an focal ceart.

(a) = brící

(b) = mirlíní

(c) = liathróid

(d) = bábóg

(e) = teidí

(f) = puipéad

71

3. Ceangail agus scríobh.

(a) liathróid

(b) teidí

(c) bábóg

(d) mirlíní

(e) puipéad

(f) brící

mirlíní

brící

bábóg

liathróid

teaidí

puipéad

4. Crosfhocal

mirlíní

brící

liathróid

puipéad

teidí

bábóg

¹b r í c í

²l i a t h r ó i d

é

³p u i p c a d

⁴b á b ó g

á

⁵t e i d í

⁶m i r l í n í

5. Aimsigh an freagra agus dathaigh.

Nodanna

1 + 1 + 1 = donn

2 + 2 + 2 = gorm

18 – 9 = dearg

20 – 10 = oráiste

Pictiúir

 9

 10

 3

 6

Aonad 34 Dathanna

Liosta Focal

1. buí
2. dearg
3. glas
4. gorm
5. donn
6. dubh

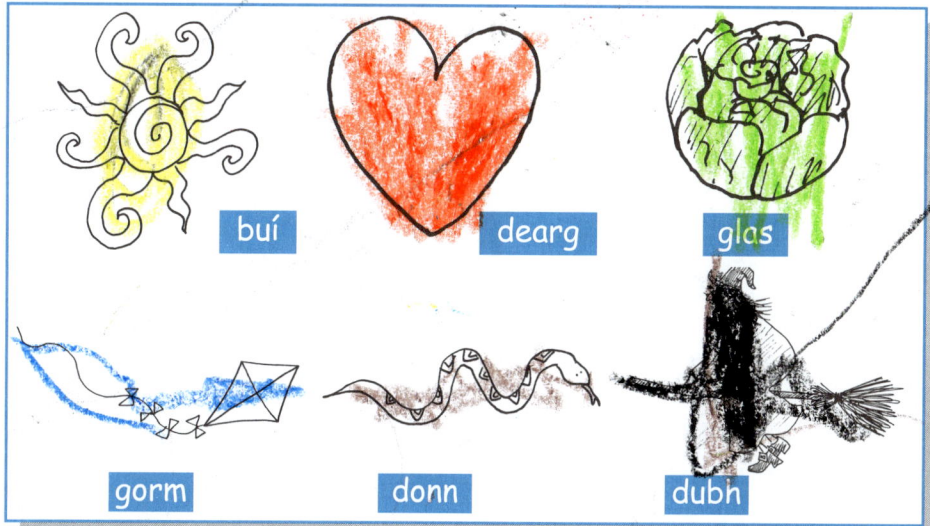

buí

dearg

glas

gorm

donn

dubh

1. Aimsigh an dath ceart.

(a) Dathaigh an ciorcal seo buí.

(b) Dathaigh an réalta seo dearg.

(c) Dathaigh an chearnóg seo glas.

(d) Dathaigh an triantán seo gorm.

(e) Dathaigh an dronuilleog seo donn.

(f) Dathaigh an madra seo dubh.

2. Tusa ag scríobh.

(a)	buí	buí	buí	buí
(b)	dearg	dearg	dearg	dearg
(c)	glas	glas	glas	glas
(d)	gorm	gorm	gorm	
(e)	donn	donn	donn	donn
(f)	dubh	dubh	dubh	dubh

3. Cuardach Focal

buí
dearg
glas
gorm
donn
dubh

b	d	u	b	d	e	a	g
d	u	b	h	í	g	ó	d
b	u	í	s	a	l	d	e
n	o	m	l	s	a	n	a
n	g	r	g	ú	s	ú	r
g	o	r	m	r	t	s	g
e	d	o	n	n	l	r	c

4. Bí ag scríobh.

(a) b + uí   =   buí

(b) dea + rg   =   dearg

(c) gl + as   =   glas

(d) go + rm   =   gorm

(e) do + nn   =   donn

(f) du + bh   =   dubh

5. Cuir na dathanna seo ar an liathróid:

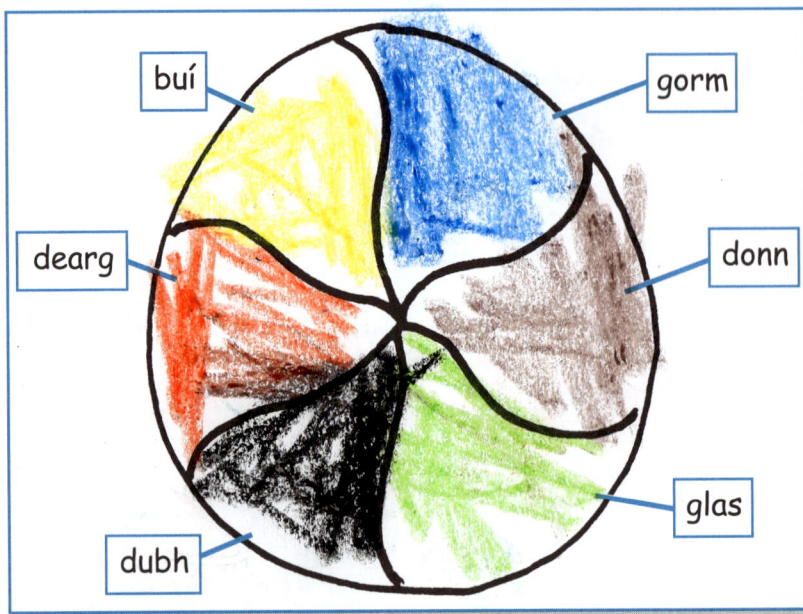

buí   gorm   dearg   donn   dubh   glas

74

Aonad 35 *Dul Siar*

1. Ceangail

(a) iasc

(b) coinín

(c) turtar

(d) madra

(e) cat

(f) éan

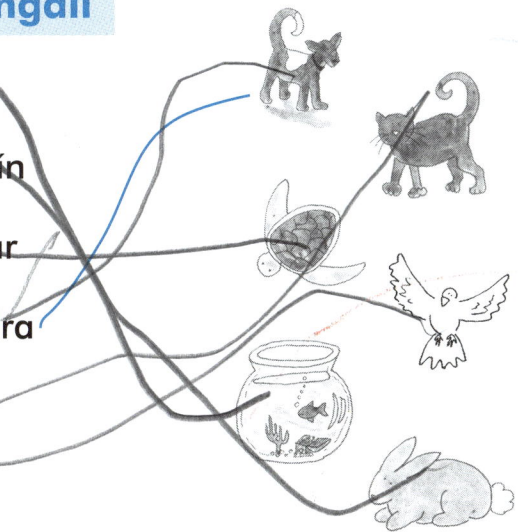

2. Crosfhocal

leaba

tinn

piollairí

uisce

dochtúir

3. Dathaigh:

1. an teidí

2. an bhábóg

3. an liathróid

4. an puipéad

75

4. Cuardach Focal

tinn
altra
leaba
uisce
dochtúir

t	b	l	e	a	b	a	l
r	a	p	a	l	t	r	a
l	u	i	s	c	e	b	t
i	l	l	p	o	i	c	i
ú	p	i	m	l	l	a	n
t	h	d	ú	e	o	n	n
d	o	c	h	t	ú	i	r

5. Scríobh isteach an focal ceart.

(a) Tá dath  _glas_ ar an bhféar.

(b) Tá dath _gorm_ ar an spéir.

(c) Tá dath _donn_ ar an mbord.

(d) Tá dath  _buí_ ar an mbanana.

(e) Tá dath _dearg_ ar an tráta.

(f) Tá dath _dubh_ ar an gclár dubh.

buí
dearg
glas
gorm
donn
dubh

6. Scríobh agus tarraing.

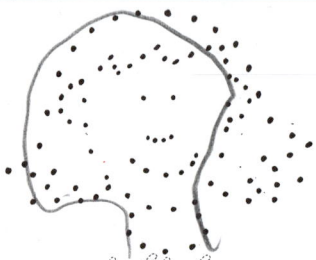
bábóg

teidí

bríce

puipéad

liathróid

mirlíní

7. Dathaigh isteach an dath ceart.

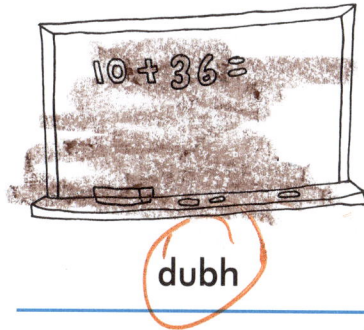

donn	gorm	glas
dearg	buí	dubh

On the blackboard: 10 + 36 =

8. Bí ag scríobh.

(a) mad + ra   =   madra

(b) c + at   =   caṫ

(c) tur + tar   =   Turtar

(d) ia + sc   =   iasc

(e) é + an   =   éan

(f) coin + ín   =   coinín

9. Scríobh isteach an focal ceart.

cat

éan

madra

coinín

iasc

Turtar

77

Scrúdú Litriú

Ainm: _____ nax _____

Dáta: _____

    1.

    2.

    3.

    4.

    5.

    6.

    7.

    8.

    9.

    10.

Scór: _____